Christian Keller

Liebe und Ehe vor viertausend Jahren

Christian Keller

Liebe und Ehe vor viertausend Jahren

Zwölf dramatische Geschichten aus dem ersten Buch der Bibel

Fromm Verlag

Impressum / Imprint
Bibliografische Information der Deutschen Nationalbibliothek: Die Deutsche Nationalbibliothek verzeichnet diese Publikation in der Deutschen Nationalbibliografie; detaillierte bibliografische Daten sind im Internet über http://dnb.d-nb.de abrufbar.
Alle in diesem Buch genannten Marken und Produktnamen unterliegen warenzeichen-, marken- oder patentrechtlichem Schutz bzw. sind Warenzeichen oder eingetragene Warenzeichen der jeweiligen Inhaber. Die Wiedergabe von Marken, Produktnamen, Gebrauchsnamen, Handelsnamen, Warenbezeichnungen u.s.w. in diesem Werk berechtigt auch ohne besondere Kennzeichnung nicht zu der Annahme, dass solche Namen im Sinne der Warenzeichen- und Markenschutzgesetzgebung als frei zu betrachten wären und daher von jedermann benutzt werden dürften.

Bibliographic information published by the Deutsche Nationalbibliothek: The Deutsche Nationalbibliothek lists this publication in the Deutsche Nationalbibliografie; detailed bibliographic data are available in the Internet at http://dnb.d-nb.de.
Any brand names and product names mentioned in this book are subject to trademark, brand or patent protection and are trademarks or registered trademarks of their respective holders. The use of brand names, product names, common names, trade names, product descriptions etc. even without a particular marking in this work is in no way to be construed to mean that such names may be regarded as unrestricted in respect of trademark and brand protection legislation and could thus be used by anyone.

Coverbild / Cover image: www.ingimage.com

Verlag / Publisher:
Fromm Verlag
ist ein Imprint der / is a trademark of
OmniScriptum GmbH & Co. KG
Heinrich-Böcking-Str. 6-8, 66121 Saarbrücken, Deutschland / Germany
Email: info@frommverlag.de

Herstellung: siehe letzte Seite /
Printed at: see last page
ISBN: 978-3-8416-0504-7

Inhaltsverzeichnis

Seite

Ein Wort zum besseren Verständnis

Die Liebe und der Tod seien die beiden einzigen Themen der Literatur, die es wert sind, beschrieben zu werden, meinte der 2013 verstorbene Literaturkritiker Marcel Reich-Ranicki. Der Tod ist kein beliebtes Thema, die Liebe hingegen schon. Sprechen wir also von der Liebe.
Sie hat überall ihre Spuren hinterlassen, in der Geschichte, in der Literatur, in der Musik. Eben las ich eine Werbung für lieferbare E-Books und unter den meistverlangten Titeln las ich z.B.: Meer der Liebe – Stille Küsse sind tief – Nachtgeflüster – Glühendes Verlangen – etc. etc.
Offenbar haben Liebe und Eros von der Antike bis in unsere Zeit nicht an Attraktion verloren. Als Thema beherrschen sie die Literatur, das Theater, Opern-Libretti, Filme und Fernsehserien immer wieder von neuem.

Zur Liebe gehört auch die Ehe – die dauerhafte Verbindung zwischen einem Mann und einer Frau – weil die Liebe früher oder später eine bleibende Erfüllung will. Die Ehe ist eine Basis für die Familie und damit auch fürs gute Überleben der Menschheit. Die Zahl der Eheschließungen geht zwar seit einigen Jahrzehnten bei uns etwas zurück. Viele Paare binden sich heute ohne Trauschein in einer eheähnlichen Gemeinschaft, die oft als wilde Ehe, als Lebensabschnittspartnerschaft oder als Konkubinat bezeichnet wird. Wieder andere Paare gehen Liebesbeziehungen ganz ohne Verbindlichkeit ein – alles ist heute möglich. Aber wer wirklich liebt, sucht und will Dauer. Das war früher so und ist auch heute nicht anders. Werfen wir einmal einen kurzen Blick in die Kulturgeschichte der Liebe in den letzten viertausend Jahren:

- Wie war das vor hundert Jahren mit der Liebe, als Frauen noch enge Korsetts und lange Röcke trugen und dann und wann in Ohnmacht fielen? Wie fanden sich damals «der Mann und die Frau von Welt»? Wie funktionierte eine «gutbürgerliche» Ehe? Was war an ihr anders als an einer heutigen Ehe?
- Wie liebte und verliebte man sich im 18. Jahrhundert? Der französische Maler Antoine Watteau lässt in seinen Darstellungen der adligen «fêtes galantes» mit ihren Schäferspielen etliches erahnen.
- Weitere hundert Jahre früher zeigt uns der holländische Maler Pieter Brueghel in seinem Bild «Bauernhochzeit» eine ausgelassene Gesellschaft mit eher derbem Umgang zwischen den Geschlechtern.
- Und wie war das zur Minnezeit als Fräulein Kunigunde *«mit zärtlichem Liebesblick» dem Ritter «sein nahes Glück»* verhiess? Nachzulesen in *«Der Handschuh»* bei Friedrich Schiller.
- Gehen wir noch weiter zurück bis in biblische Zeiten, als z.B. König Salomo, wie es das 2. Buch Samuel berichtet, 700 Hauptfrauen und 300 Nebenfrauen besessen haben soll, von denen er wahrscheinlich die wenigsten kannte? Das war vor rund 3000 Jahren. Noch weitere tausend Jahre früher lebten Abraham, Isaak, Jakob und Josef, über deren Leben und Lieben wir im Ersten Buch Mose recht detailliert informiert werden. Viele dieser Geschichten haben auch Eingang in den Koran gefunden.

Sind diese Geschichten oder Erzählungen nun wirklich wahr und haben sie sich genau so ereignet? Es ist unmöglich, dies zuverlässig zu beantworten und wer diese Geschichten wirklich wörtlich nehmen will, schafft sich Probleme. Wahr im Sinne von lebensecht sind sie jedoch zweifellos. Romane sind Langformen einer Erzählung. Sie können von Lesern als wahr empfunden werden, falls das, was sie beschreiben, mit den Realitäten des menschlichen Lebens und mit den Erfahrungen der Leser übereinstimmt. Obschon Romane einen Autor oder eine Autorin haben, die sich in ihrer *Vorstellung* eine Geschichte zurechtlegten und darin eigene Erfahrungen und Beobachtungen hinein verwoben, empfinden wir viele Romane als «echt», d.h. sie kommen der Wirklichkeit viel näher sein als blosse «Zahlen und Fakten» der Geschichte, denen das Fleisch am Knochen fehlt.

Die Bibel ist kein Buch im üblichen Sinne. Sie wurde nicht von einem Autor geschrieben, sondern von rund vierzig verschiedenen, von denen sich die meisten nicht einmal kannten und nicht kennen konnten, weil Jahrhunderte sie trennten. Die Bibel ist eher eine Art Bibliothek mit ganz verschiedenen literarischen Gattungen, sie ist eine Sammlung von kleineren und grösseren, meist in sich abgeschlossenen Büchern. Aber sie gilt als Ganzes als «Die Heilige Schrift», als Quelle und Massstab für den jüdischen und den christlichen Glauben.

Daneben ist sie auch eine echte *Fundgrube* für alle kulturell interessierten Menschen. Man kann in der Bibel viele Texte finden, die Auskunft darüber geben, wie Menschen vor vier-, vor drei- oder vor zweitausend Jahren lebten und dachten. Allein schon das Erste Buch Mose, das wir nach Liebe und Ehe vor viertausend Jahren befragen wollen, gibt uns in vielem darüber Auskunft.

Alle im Ersten Buch Mose enthaltenen Erzählungen wurden zuerst während Jahrhunderten *mündlich* an den Lagerfeuern von Nomaden weitergegeben. Es ist nicht möglich, genau zu unterscheiden, was sich durch diese lange Zeit der Überlieferung an ihnen veränderte und was an ihnen historisch belegt werden kann. Daher müssen wir sie so nehmen wie sie dastehen, wie sie vor, während oder nach dem babylonischen Exils des Volkes Israel (597 bis 539 ante) von schriftkundigen Priestern niedergeschrieben und festgehalten wurden.

Wir verstehen diese Erzählungen daher als ein Stück *biblischer Literatur.*

Inwieweit die nachfolgend befragten Geschichten wahr sind im Sinne von *«historisch so geschehen»* ist für uns kaum von Bedeutung. Wichtiger ist, dass sie uns menschlich berühren, dass wir in ihrem Verhalten uns selbst wiedererkennen können und sie uns damit zeigen, dass sich die Grundfragen unseres Daseins in den letzten viertausend Jahren kaum verändert haben. Wir nehmen alle diese Texte so wie sie in unserer Bibel stehen einfach zur Kenntnis. Es ist nebensächlich, ob bei irgendwelchen Ausgrabungen Spuren der einen oder andern Erzählung – der Sintflut, der Stadt Sodom oder über die zur Salzsäule erstarrte Ehefrau des Lot – gefunden werden konnten. Uns interessiert die in diesen Geschichten dargestellte menschliche Erfahrung von Liebe und Ehe, die, wie wir sehen werden, oft mit etlichen Schwierigkeiten und Verwirrungen behaftet sein können.

Damals wie heute.

1. Abraham und Sara – eine späte Erfüllung (1. Mose 21:1ff)

Ich habe meinen Urgrossvater nicht gekannt. Er hat keine für mich sichtbare Spur hinterlassen. Trotzdem, es muss ihn gegeben haben, sonst wäre ich nicht hier.
Die Existenz Abrahams lässt sich nicht beweisen, es gibt ausserhalb von Bibel und Koran keinerlei Belege für seine Existenz. Doch wenn man seine unglaubliche Wirkungsgeschichte betrachtet, kann man an seiner Existenz nicht zweifeln.

Abraham war ein wohlhabender Nomade, der ursprünglich Abram hiess (Erhabener Vater) und später Abraham (Vater der Völker) genannt wurde. Abraham war reich, wurde geschätzt und geachtet. Er besass grosse Herden, die von seinen Sklaven und Sklavinnen gehütet und gepflegt wurden.
Der Verwalter seines Besitzes sagte von ihm:
«Gott hat meinen Herrn reich gesegnet und zu hohem Ansehen gebracht. Er hat ihm viele Schafe, Ziegen und Rinder gegeben, dazu Silber und Gold, Sklaven und Sklavinnen, Kamele und Esel». (24:35)

Abraham (arabisch: Ibrahim) lebte vor rund 4000 Jahren und ist bis heute eine zentrale Figur für drei Weltreligionen:

- für Juden ist er durch seinen Sohn Isaak der Stammvater aller Juden;
- für Christen gilt er als zeitloses Vorbild des Glaubens;
- den Muslimen gilt er als Prophet, als erster Monotheist.

Als Stammvater des Volkes Israel ist er durch seinen Sohn Isaak auch der Urahne von Jesus Christus. Durch seinen andern Sohn *Ismael* gilt er als Stammvater der Araber und damit auch des Propheten Mohammed. Der Fremdling, der seine Heimat Mesopotamien verliess, sich in Kanaan (dem heutigen Palästina) niederliess und der sich stets vom Segen Gottes begleitet wusste, hat bleibende Spuren hinterlassen. Er wird im Neuen Testament zum Vorbild und Typus eines im Glauben gehorsamen Menschen. Der Name Abraham begegnet allein im Neuen Testament 73 Mal!

Im Islam gilt Abraham *als Prophet* weil er als erster erkannt habe, dass es nur einen *einzigen* Gott gibt, wodurch er als erster «Gerechter» bezeichnet wird. Die Wallfahrt nach Mekka (die Hadsch) geht nach islamischer Auffassung auf Abraham zurück. Er habe dort, wo heute die Kaaba steht, eine Gedenkstätte an Gott wiedererrichtet, welche der Legende nach von Adam gebaut worden sein soll. Das jährliche Opferfest, neben dem Ramadanfest das bedeutendste Fest der islamischen Welt, erinnert an die Bereitschaft Abrahams, seinen Sohn zu opfern.

Im Christentum gilt Abraham vor allem als Beispiel und Vorbild eines *bedingungslosen* Glaubens und er wurde dadurch zum geistigen «Vater» aller Menschen die auf Gott vertrauen. Aufgrund seines Vertrauens, sei er gerechtfertigt, d.h. vor Gott gerecht gesprochen worden. Diese zentrale Argumentation, die zum Ausgangspunkt der Reformation wurde, findet sich bei Paulus im Römerbrief im 4. Kapitel. Abraham lebte um 2000 vor Beginn unserer heutigen Zeitrechnung, am Ende der Jungsteinzeit und dem Beginn der Bronzezeit. Das war jene Periode, in der die Nomaden im Vorderen Orient vermehrt sesshaft wurden und sich bereits auf den Anbau von Getreide verstanden. Seine Geschichte wurde Jahrhunderte lang mündlich überliefert und erst rund 1500 Jahre (!) nach seinem Tod in der heutigen Form schriftlich fixiert. In diesen fast 1500 Jahren mündlicher Überlieferung veränderte sich manches an diesen Geschichten. Man tut gut daran, sich dies immer vor Augen zu halten.

Und nun zur Abraham-Erzählung.

Abraham hatte eine sehr attraktive Frau namens Sara.
Etwas überraschend ist, dass seine Frau mit ihm eng *blutsverwandt* war – sie stammte wie er selbst vom gemeinsamen Vater Terach ab, jedoch von einer andern Mutter. Abrahams Vater muss also selbst zumindest zwei Frauen gehabt haben und Sara war Abrahams Halbschwester. Sie war, nach seinen

eigenen Worten *«... die Tochter meines Vaters, nur nicht die Tochter meiner Mutter; so konnte sie mein Weib werden». (20:12)*
Abraham bezeichnet Sara als aussergewöhnlich schöne Frau. Das kann auch zu weniger angenehmen Situationen führen, damals schon und auch heute. Wahrscheinlich drehte sich damals mancher Mann um, wenn die Sara vorüberging. Nur so lassen sich Abrahams Bedenken verstehen, als eine Hungersnot ihn bewog, zu den Kornkammern des fernen Ägyptens zu ziehen. Seine Sorge erwies sich als begründet:
«als er an die ägyptische Grenze kam, sagte er zu Sara: Ich weiß, dass du eine schöne Frau bist. Wenn die Ägypter dich sehen, werden sie sagen: 'Das ist seine Frau, und sie werden mich totschlagen, um dich zu bekommen.» (12:11-12)
«In Ägypten traf ein, was Abram vorausgesehen hatte. Überall fiel Sara durch ihre Schönheit auf. Die Hofleute priesen sie dem Pharao in den höchsten Tönen, und er ließ sie in seinen Palast holen. Doch weil der Pharao sich die Frau Abrams genommen hatte, bestrafte der Herr ihn mit einer schweren Krankheit, ihn und alle andern in seinem Palast». (12:14-17)

Der Pharao, durch seine Hofleute auf Sara aufmerksam geworden, hatte sie zu sich holen lassen und ihr beigewohnt. Einem Pharaoh durfte sich niemand widersetzen, Sara wurde nicht nach ihrer Meinung gefragt und Abraham schwieg, denn er wusste, dass reden ihn das Leben kosten konnte. Der Pharao hätte aber besser getan, Sara in Ruhe zu lassen, denn er und sein ganzer Hofstaat wurden krank und man gab seinem Tun die Schuld. Da half es nicht, dass er Sara zuliebe zu Abram freundlich war und ihm Schafe, Ziegen, Rinder, Esel und Kamele, Sklaven und Sklavinnen schenkte.
Der reiche Abraham war in Ägypten noch vermögender geworden.

Die schöne Sara hatte ein Problem, das sie mit vielen biblischen Frauengestalten teilte: sie war unfruchtbar und litt sehr darunter. In biblischer Zeit bedeuteten Kinder für eine Frau Lebenserfüllung, Lebensinhalt, Ansehen und Sicherheit. All dies steigerte sich mit jedem zusätzlichen Kind.
Während heute zumindest bei uns im Westen eine Frau mit einer grösseren Kinderschar ein leichtes Erstaunen oder gar ein Kopfschütteln auslöst, wurde eine Frau mit einer grossen Kinderschar damals überall beneidet. Dass Mädchengeburten weniger geschätzt wurden, mag uns irritieren, wird aber verständlich, wenn man sich vor Augen hält, dass damals Knaben angehende Männer darstellten und damit Arbeitskräfte. Knaben würden später eine Familie ernähren und diese wehrhaft machen. Sie stellten für Eltern die einzige Altersversorgung dar, während Mädchen für einen (noch unbekannten) fremden Mann gross gezogen wurden und nach der Heirat zur *Familie ihres Mannes* gehörten.

Die körperliche Robustheit der damaligen Frauen half ihnen, Geburten leichter zu bestehen. Die Sippe hielt zusammen, eine Mutter war bei der Kinderpflege und Kindererziehung nie allein. Bedingt durch die hohe Kindersterblichkeit überlebten auch nur die kräftigsten Kinder. Kriege, Krankheiten und Hungersnöte dezimierten die Bevölkerung oft drastisch. Viele Kinder zu haben war daher eine absolute Notwendigkeit, um das Überleben einer Familie und einer Sippe zu sichern.
Eine Frau, die mehrere Söhne geboren hatte, genoss im alten Israel – und bis zum heutigen Tag im gesamten Mittelmeerraum bis nach Indien und China – höchstes Ansehen. Die Dankbarkeit ihrer Angehörigen und die Anerkennung innerhalb der Familie, der Sippe und des Volkes, waren ihr gewiss. Sie hatte ihren Lebenszweck erfüllt – vor sich selbst, vor ihrem Volk und vor Gott.
Ihr Schoss wurde gepriesen.

Nicht so die kinderlose Frau, deren Schoss war wie ein unfruchtbarer Acker. Ihre Ehe war umsonst geschlossen worden. Eine persönliche Zuneigung der Ehepartner war auch damals möglich (siehe Isaak und Rebekka), aber sie war keine Bedingung für eine als sinnvoll empfundene Ehe. Ob mit viel oder wenig Zuneigung:... eine unfruchtbare Frau zu sein, war ein schweres Schicksal für eine verheiratete Frau, am ehesten vergleichbar mit dem Los eines heutigen Invaliden, der in einer auf Leistung und Produktion getrimmten Gesellschaft unfähig ist zu leisten und zu produzieren. Er wird geduldet, versorgt und bedauert, aber er hat wenig Ansehen, er hat keinen *wirklichen* sozialen Status. Eine unfruchtbare Frau konnte daher ohne Umstände von ihrem Mann verstossen werden und man wäre diesem Mann und seinem Vorgehen mit Verständnis begegnet. Was sollte denn ein Paar ohne Kinder tun, wenn die Kräfte nachliessen und sie alt wurden? Es gab keine Versicherungen, die Versicherung der Alten waren ihre Kinder, vor allem ihre Söhne. Persien (Iran) hatte noch im zwanzigsten Jahrhundert volles Verständnis für seinen Schah Mohammed Reza Pahlavi, der seine erste Frau, die ägyptische Prinzessin Fausia entliess (die ihm eine Tochter geboren hatte) und der sich später auch von seiner zweiten Frau Soraya (die kinderlos blieb) trennte und eine junge Architekturstudentin namens Farah Diba heiratete, die ihm endlich vier Kinder und vor allem den ersehnten *Thronerben* gebar.

Von Kindern und Söhnen konnte Sara nur träumen, es kam nie zu einer Empfängnis. Die Jahre waren ins Land gezogen, Sara war älter geworden und nichts hatte sich an ihrer Lage geändert. Ihre Gedanken kreisten immer wieder um ihre Unfruchtbarkeit und Kinderlosigkeit. Das machte das Ganze noch komplizierter. Man weiss, dass Frauen, die sich wegen ihrer Kinderlosigkeit allzu sehr grämen, seltener schwanger werden als andere, die sich darüber keinerlei Gedanken machen.
Eines Tages fasste Sara einen Entschluss und machte ihrem Mann einen Vorschlag, der sie wohl einige Überwindung kostete: ihr Mann Abraham solle Saras junge Sklavin Hagar, eine Ägypterin, zu schwängern versuchen. Sollte dies zum gewünschten Erfolg führen, würde Hagar auf Saras Knien gebären und das Kind, hoffentlich ein Sohn, würde dann rechtlich als Saras Sohn gelten. Wir befinden uns in der Zeit um das Jahr 2000 vor Christus und weder die Sklaverei noch der eben beschriebene Vorschlag fielen aus dem damaligen Rechtsrahmen.

Über das Ausmass der Sklaverei kann der folgende Text einen Eindruck vermitteln:
«Als Abr(ha)am hörte, dass sein Neffe (Lot) in Gefangenschaft geraten war, rief er seine kampferprobten Leute zusammen, 318 zuverlässige Männer, die alle in seinen Zelten geboren worden waren. Mit ihnen jagte er hinter den siegreichen Königen her.» (14:14)
Auch wenn man berücksichtigt, dass alle alttestamentlichen Zahlenangaben mit Vorsicht zu behandeln sind, muss Abraham über eine stattliche Zahl von Sklaven und Sklavinnen verfügt haben. Mit *«Männer, die alle in seinen Zelten geboren worden waren»,* sind jene männlichen Sklaven gemeint, die nicht gekauft, sondern von seinen Sklavinnen geboren wurden.

Das Alte und das Neue Testament gehören beide geschichtlich in die Zeit des Altertums. Dieser Zeitraum mit seinen kulturellen Blüten in Ägypten, Griechenland und Rom wäre ohne Sklavenarbeit undenkbar und nicht möglich gewesen. Die vielen kleinen und grösseren Kriege hatten ein Problem mit sich gebracht: Was sollte man mit den vielen Gefangenen tun? Häufig genug wurden sie hingerichtet (siehe z.B. 5. Mose 20,13) aber eines Tages muss sich die Einsicht durchgesetzt haben, dass man sie besser am Leben lassen und als rechtlose Arbeitskräfte ohne Lohn einsetzen könnte. So würden sie Ertrag bringen. Es entstand mit der Zeit ein Heer von Sklaven und Sklavinnen, deren Zahl oft die der freien Bürger weit überstieg und das die so genannten «Freien» von aller körperlichen Arbeit befreite. Die Freien konnten sich nun mit allem Möglichen beschäftigen, ohne ihre eigenen Hände schmutzig machen zu müssen. Schöne Sklavinnen boten darüber hinaus die Möglichkeit, Männer zufrieden zu stellen und erst noch Kinder zu gebären, die wiederum Sklaven blieben und so für kostenlosen Nachschub an Arbeitskräften sorgten.
Sklaven waren in jeder Beziehung rechtlos. Es dauerte sehr, sehr lange, bis man in der Sklavenhaltung ein *Unrecht* erkannte. Erst am 18. Dezember 1865 (!) wurde durch die Ratifizierung des 13. Zusatzes zur US-amerikanischen Verfassung durch die Bundesstaaten die Sklaverei in den USA verboten. Auch heute noch, im 21. Jahrhundert, sind in Form von Frauen- und Kinderhandel, sowie durch Arbeitsverhältnisse, die mit Recht als moderne Form der Sklaverei bezeichnet werden, deutliche Spuren dieser unmenschlichen Abhängigkeit zu finden.

Ersparen wir also dem Abraham Vorwürfe, er war ein Kind seiner Zeit, er kannte nichts anderes. Nachdem diese Fragen etwas geklärt sind, können wir uns nun weiter mit dem eigentlichen Thema beschäftigen.

Abraham schickte Sara trotz ihrer Unfruchtbarkeit nicht weg, ein Hinweis darauf, dass die beiden doch mehr verband als allein der Wunsch nach Kindern. Und jetzt schwängerte er also auf ausdrücklichen Wunsch seiner Frau die Sklavin Hagar, die nicht nach ihrem Begehren befragt wurde, sondern zu tun hatte, was Sara beschlossen hatte: *«Sara gab ihm die ägyptische Sklavin zur Frau.»*
Und Hagar wurde schwanger. Durch ihre Schwangerschaft tauchte ein neues Problem auf. Kaum wusste Hagar um ihr Schwangersein, da begann die Sklavin Hagar sich ihrer unfruchtbaren Herrin überlegen zu fühlen und liess sie dies spüren. Vielleicht hatte dieses zeitlich begrenzte Dreiecksverhältnis dem Abraham gefallen, man kann sich jedenfalls schlecht vorstellen, dass es ihm zuwider gewesen war, er hätte den Vorschlag seiner Frau ja auch ablehnen und sich der Hagar verweigern können, er tat es aber nicht. Nur als sich Sara bei ihm über die zunehmende Arroganz ihrer Magd beklagte, sagte er zu ihr: *«Sie ist deine Sklavin. Mach mit ihr, was du für richtig hältst! Sara ließ daraufhin Hagar die niedrigsten Arbeiten verrichten; da lief sie davon». (16:6)*

Worin bestanden diese niedrigsten Arbeiten? Wir wissen es nicht, aber da Sklavinnen ohnehin alle Arbeiten verrichten mussten, die niemand sonst machen wollte, müssen es überaus unangenehme und wohl auch schwere Arbeiten gewesen sein, die Hagar mit der Zeit als unerträglich empfand und darum davonlief. Flüchtige Sklaven waren Freiwild und dass die schwangere Hagar in die Wüste flieht, wo sie kaum Überlebenschancen hat, beweist dass sie wirklich verzweifelt war. Die Wüste war kein Ort für eine junge Sklavin und schon gar kein Ort für eine schwangere Frau. Sie hatte bei ihrer Flucht nicht mehr mitnehmen können als einen (Leder)Schlauch voll Wasser und einige Brotfladen.
Doch Gott, so heisst es, erbarmte sich der Hagar. Er schickte ihr einen Engel und dieser riet ihr, sie möge doch zurückzukehren und Saras Härte ertragen. Er versprach ihr dafür:
«Du wirst einen Sohn gebären und ihn Ismaël (Gott hat gehört) nennen; denn der Herr hat deinen Hilferuf gehört. Ein Mensch wie ein Wildesel wird er sein, im Streit mit allen und von allen bekämpft; seinen Brüdern setzt er sich vors Gesicht». (16:11)

Einen Sohn werde sie gebären! Ihr Ansehen wird als Mutter eines Sohnes wachsen. Leicht werde sie es mit diesem Sohn allerdings nicht haben, doch leicht hatte sie es noch nie in ihrem rechtlosen Leben. Wie ein Wildesel werde dieser Sohn sein, d.h. wohl, dass er sich ungern unterordnen und seine eigenen Wege gehen werde, ein nur schwer zu bändigendes, störrisches Wesen, wie ein Wildesel eben.
Hagar kehrte auf Geheiss des Engels schweren Herzens zu Sara zurück. Wie wurde sie dort wohl empfangen? Wir wissen es nicht. Sie wurde bald darauf von einem Sohn entbunden, Abrahams erstem Sohn, und sie nannte ihn Ismael, wie es ihr vom Engel gesagt worden war.

Einige Jahre später erscheint Gott der Herr dem Abraham in einem «Gesicht», einem Traum. Er wolle mit ihm einen Bund schliessen. Aus Abrahams Nachkommen würde ein Volk werden, ein grosses Volk. Auch seine Frau Sara werde noch einen Sohn gebären, dessen Nachkommen Träger dieser Verheissung Gottes an Abraham werden soll.
Wie? *Sara* soll noch Mutter werden? Nach all den Jahren? Sie war inzwischen alt und Abraham noch älter. Längst war die Zeit vorbei, da Sara *nach der Frauen Weise* ihre Regel hatte. An eine Empfängnis war nicht mehr zu denken.

Doch eines Tages tauchten drei Männer am Eingang des Zeltes auf vor dem Abraham sass. Dieser begrüsste und bewirtete seine Gäste überschwänglich, wie es sich gehörte. Diese wiederholten während des Essens, was Abraham in seinem Traum gesehen und gehört hatte: in einem Jahr werde Sara Mutter sein! Zelte haben keine Mauern und Sara hatte darum vernommen, was die Männer dem Abraham sagten. Sie lachte vor sich hin, wohl etwas zu laut, und dachte:
«Jetzt, wo ich alt und verwelkt bin, soll ich noch ein Kind empfangen? Und mein Mann ist auch viel zu alt!» (18:12)

Die Zeit der körperlichen Liebe war vorbei. Und jetzt sollte sie plötzlich wieder neu aufflammen? Sara soll ja nicht, wie später von der Mutter Jesu berichtet wird, ohne Zutun eines Mannes ein Kind emp-

fangen, sondern Sara und Abraham mussten sich dazu neu finden, der angekündigte Sohn sollte auf natürliche Weise gezeugt werden. Und tatsächlich: Sara wurde schwanger und Mutter eines Sohnes, den sie Isaak, den «Lacher», nannte. Man hört in den folgenden Versen den Triumph dieser Frau, die man ein Leben lang die Unfruchtbare nannte:
«Sara aber sagte: »Gott hat dafür gesorgt, dass ich lachen kann. Alle, die davon hören, werden mit mir lachen. Noch nie hat Abraham es erlebt, dass ihm einer die Nachricht brachte: 'Deine Frau Sara stillt ein Kind.' Aber jetzt in seinem Alter habe ich ihm noch einen Sohn geboren!» (21:6-7)

Nun hätte eigentlich alles gut sein können. Aber es stellte sich ein nächstes Problem. Die persönlichen Schwierigkeiten Saras mit der Sklavin Hagar hätten jetzt zwar hinfällig werden können, weil nun beide Frauen Mutter eines Sohnes waren, doch es blieb die Frage nach der *Erbberechtigung* der Zwillinge. Abraham hatte Hagars Sohn Ismael *zuerst* gezeugt, erst später dessen Halbbruder Isaak, der Sohn der Sara. Demnach hätte Ismael als Erstgeborener das Erbrecht haben müssen. Nach damaligem Recht erbte allein der Erstgeborene, man vermied dadurch eine Zerstückelung des Besitzes. Aber Sara wollte keinesfalls, dass Ismael erben sollte. *Ihr Sohn Isaak* sollte ihrer Meinung nach der Erbe sein.
«Eines Tages sah Sara den Sohn der Ägypterin Hagar spielen, das Kind, das diese Abraham geboren hatte. Da sagte sie zu ihrem Mann: Jag diese Sklavin und ihren Sohn fort! Der Sohn der Sklavin darf nicht mit meinem Sohn Isaak zusammen erben! Abraham missfiel das sehr, denn auch Ismaël war ja sein Sohn.»
Aber Gott sagte zu Abraham: «Gräme dich nicht wegen des Jungen und deiner Sklavin! Tu, was Sara von dir verlangt; denn die Nachkommen Isaaks sollen als deine rechtmäßigen Nachkommen gelten. Aber auch den Sohn der Sklavin werde ich zu einem Volk machen, weil er von dir abstammt». (21:9-13)

Hagar und ihr Sohn Ismael wurden auf Wunsch Saras schon zum zweiten Mal in die Wüste vertrieben. Sara war offenbar eine sehr dezidierte und auch harte Frau, die den Konkurrenten ihres Sohnes loswerden wollte.
«Am nächsten Morgen nahm Abraham Brot und einen Schlauch mit Wasser, legte beides Hagar auf die Schulter, übergab ihr das Kind und schickte sie fort. Hagar ging weg und irrte ziellos in der Wüste bei Beerscheba umher.
Als das Wasser im Schlauch aufgebraucht war, warf (!) sie das Kind unter einen Strauch und setzte sich etwa einen Bogenschuss davon entfernt auf die Erde. Denn sie sagte: »Ich kann nicht mit ansehen, wie der Junge stirbt!« So saß sie in einiger Entfernung und weinte laut.
Aber Gott hörte das Kind schreien. Da rief der Engel Gottes vom Himmel aus Hagar zu: »Warum bist du verzweifelt, Hagar? Hab keine Angst, Gott hat das Schreien des Kindes gehört!
Steh auf und nimm den Jungen bei der Hand; denn ich werde seine Nachkommen zu einem großen Volk machen.«
Gott öffnete Hagar die Augen, da sah sie einen Brunnen. Sie ging hin, füllte den Schlauch mit Wasser und gab dem Kind zu trinken. Auch weiterhin half Gott dem Jungen. Er wuchs heran und wurde ein Bogenschütze». (21:8 ff)

Abraham soll gegen hundert Jahre alt gewesen sein, als die drei Männer ihm die Geburt eines Sohnes verhiessen *(21:5)*. Man darf diese Zahl nicht wörtlich nehmen, denn als Sara später stirbt, heiratete Abraham noch einmal eine Frau namens Ketura, mit der er *(25:1-2)* weitere sechs Söhne gezeugt haben soll (und wohl auch einige nicht erwähnte Töchter). Entweder war Abraham nicht wirklich so alt wie diese Zahlenangaben vermuten lassen und daher noch zeugungsfähig, oder man muss auch diese Angaben zu den vielen zahlenmässigen Ungereimtheiten der Bibel rechnen. *«Aber auch den Sohn der Sklavin werde ich zu einem Volk machen, weil er von dir abstammt»* hatte es geheissen. Und was war mit den Söhnen der Ketura, die doch auch von Abraham abstammten? Wir werden darauf zurückkommen.

Die oft völlig unrealistisch hohen Alters- und Zahlenangaben im Alten Testament sowie auch anderer alten Schriften beschäftigen Theologen schon lange. Es gibt daher eine Reihe von Versuchen, solche Angaben zu erklären. Das biblische Hebräisch kennt keine Ziffern, nur Zahlwörter. Mag sein, dass dadurch Fehler sich leichter einschlichen, am wahrscheinlichsten scheint mir jedoch, dass diese Angaben mit Absicht übertrieben wurden, um der Geschichte ein zusätzliches Gewicht zu geben. Ein Beispiel: Nach 2. Chronik Kap. 28 v. 6 ff erschlägt ein Mann namens Pekah an einem Tag 120'000 Männer aus Judäa. Auf 24 Stunden berechnet ergäbe dies 84 Mann pro Minute. Eine absolute Unmöglichkeit – glücklicherweise.

Zurück zu Abraham. Auch er hatte gelacht über die Mitteilung, er werde mit Sara noch einen Sohn zeugen:
«Abraham warf sich vor Gott nieder, aber er lachte in sich hinein und dachte bei sich: »Ich bin hundert Jahre alt, da soll mir noch ein Sohn geboren werden? Und Sara ist neunzig, da soll sie noch ein Kind zur Welt bringen?» (17:17)

Vor kurzem berichteten die Zeitungen von einer Frau aus Bayern, die mit 64 Jahren noch Mutter wurde. Nehmen wir also an, Abraham sei nicht hundert, sondern, nach unserer Zahlenrechnung vielleicht siebzig Jahre alt gewesen, als man ihm die späte Geburt eines Sohnes ankündigte. Sara wäre dann sechzig Jahre alt gewesen. Sexuelle Aktivitäten des Ehepaares wären durchaus normal gewesen. Abraham wird als ein sehr fruchtbarer und sexuell aktiver Mann dargestellt: Nebst seiner Frau Sara verkehrte er noch:

- mit Hagar, der Sklavin.
- er hatte dann gleichzeitig noch Nebenfrauen (25:6), deren Söhne er beschenkte, die er aber wie Hagar fortschickte, um Isaaks Erbe nicht zu gefährden.

Wahrlich ein starker Mann!

Er sei alt und lebenssatt im Alter von 175 Jahren (25:7) gestorben und sei von seinen beiden Söhnen Ismael und Isaak in einer Höhle begraben worden.

Die oben erwähnte Seite des Abrahams als potentem Erzeuger wurde in der christlichen Verkündigung ausgeklammert, weil sie nicht in das Bild eines Glaubenshelden passte. Die jüdische Kabbala umgeht das Problem elegant, indem sie Ketura und Hagar als eine einzige Person deutet.
Im Koran hingegen stösst man sich an Abrahams Frauen- und Kinderreichtum gar nicht, denn dort steht geschrieben dass einem Mann bis zu vier Frauen erlaubt seien:
Sure 4:3 *«Und wenn ihr fürchtet, den Waisen nicht gerecht werden zu können, nehmt euch als Frauen, was euch gut erscheint, zwei oder drei oder vier. Doch wenn ihr fürchtet, ihnen nicht gerecht werden zu können, heiratet nur eine ...»*
Kein Sultan hielt sich an diese Begrenzung, jeder hatte seinen Harem und je mächtiger der Sultan, desto umfangreicher der Harem. Jede Favoritin im Harem hatte den Wunsch dem Sultan den ersten Sohn zu gebären. Die Frauen eines Sultans standen untereinander in erbitterter Rivalität um die Rolle der Favoritin, jede wollte diese Chance für sich verwirklichen. Ihre Schönheit und Klugheit waren das Kapital der Favoritinnen, das sie bewußt und umsichtig einsetzen mussten, um Macht und Einfluß zu gewinnen und oft genug, um überhaupt am Leben zu bleiben. Ein Sohn gab ihr die Chance, eines Tages als Mutter des neuen Sultans den gesamten Harem unter ihrer Kontrolle zu haben, da der *erste Sohn* nach dem Tode seines Vaters dessen Nachfolger werden würde.

Der Koran erzählt das Geschehen um Abraham leicht anders und weniger detailliert als die Bibel:
«Sara konnte ihm in hohem Alter keine Nachkommen mehr schenken. Nach einer Offenbarung heiratete er deshalb Hagar, die Dienerin seiner Frau. Während einer Reise in Südarabien gebar sie ihm den Sohn Ismael. Als sie den Ort des heutigen Mekka erreichten, erhielt Abraham von Gott in einer weiteren Offenbarung den Auftrag, Hagar und ihr Kind Ismael in Mekka zurück zu lassen. Abraham tat so und zog weiter in der Überzeugung, dass Gott sich um die beiden schon kümmern würde».

Ismael lebte dann in der Wüste Pharan, wo er eine Ägypterin heiratete. Zu Abrahams Begräbnis kehrte er noch einmal nach Kanaan zurück. Nach der Überlieferung starb Ismael im Alter von 137 Jahren und gilt als Stammvater der Araber.
Hoch gepriesen wird im Koran Abrahams Bereitschaft, seinen Sohn (im Gegensatz zur Bibel wäre es im Koran *Ismael* und nicht Isaak gewesen) für Gott zu opfern, wobei ihm ein Engel dies im letzten Augenblick verwehrte. Der Ort dieses Geschehens war nach islamischer Auffassung ein Felsen auf einem grossen Platz, um den herum später Jerusalem erbaut wurde und auf dem viel später der salomonische Tempel stand, der im Jahr 70 von den Römern zerstört wurde. Nach Beendigung der Kreuzzüge und der Inbesitznahme der Stadt Jerusalem durch den Sultan Saladin 1187 wurde auf diesem Platz der heute noch dort stehende Felsendom mit der bekannten goldenen Kuppel errichtet.
Auch Ismael gilt im Islam als *Prophet* (als Künder Gottes) und zusammen mit Abraham als Erbauer der Kaaba in Mekka. Nach dieser Überlieferung wurde Ismael neben der Kaaba beigesetzt. Eine islamisch-schiitische religiöse Gemeinschaft schmückt sich auch heute noch mit seinem Namen: die Ismaeliten. Ihr geistliches Oberhaupt ist der Aga Khan. Der jetzt lebende Prinz Karim Aga Khan IV. ist der 49. Imam und einer der reichsten Männer der Welt.

Die Erzählung von Abraham und Sara wirkt bis in unsere Zeit hinein.
Ismael und Isaak sind Kinder desselben Vaters, aber nicht der gleichen Mutter. Damit wird die *nahe Verwandtschaft* zwischen Israeliten (Isaak) und Arabern (Ismael) deutlich. Juden und Araber wären demnach nicht nur entfernt verwandt (als Semiten), sondern *Halbbrüder.* Nicht auszudenken, was dies für die heutige Nahostpolitik bedeuten könnte und müsste. Worüber wir in den Nachrichten immer wieder hören, ist ein (endloser) Familienstreit!

Die Geschichte Abrahams ist ganz eng mit der Geschichte des Nahen Ostens und durch sie mit der Geschichte des Judentums, des Christentums und des Islams verbunden. Seine Gestalt ist auf diese Weise auch heute noch lebendig und seine Geschichte noch immer aktuell: einerseits als Schlüssel zum besseren Verständnis der Theologie des Apostels Paulus und andererseits der Situation im Nahen Osten.

2. Auf Brautschau vor 4000 Jahren (1. Mose 24:1ff)

Dies ist die Geschichte von einem Vater, der vor 4000 Jahren für seinen Sohn eine Frau suchte. Nicht der Sohn selbst suchte, sondern der Vater für den Sohn. Eine alte Geschichte also. Trotzdem wirkt sie sehr lebendig und nachvollziehbar.
Eine «arrangierte» Ehe sollte dies also werden. Der Vater weiss genau was er will und was er nicht will. Ihm ist vor allem die Religionszugehörigkeit der zukünftigen Schwiegertochter wichtig. Ob dies genügt?
Für uns scheinen arrangierte Ehen als Methode der Partnerwahl überholt zu sein. Bei uns muss man sich verlieben und die Eltern haben dazu nichts oder nur sehr wenig zu sagen. Eines Tages stellt man seine Eltern einfach vor vollendete Tatsachen und dann bringt er sie oder sie ihn nach Hause. Eltern sind hocherfreut oder auch nicht. Falls nicht, müssen sie gute Miene zum für sie unguten Spiel machen. Das ist nicht auf der ganzen Welt so. In Indien zum Beispiel – einem Land mit 1,3 Milliarden Einwohnern (In den 27 Staaten der EU leben rund 500 Millionen...), traut man weder dem Verliebtsein noch einer Liebesehe. Junge Leute suchen dort einen Ehepartner nicht selbst, das wäre verpönt. Wer es trotzdem tut, gerät in gesellschaftliche Ächtung. Ehen werden auch heute noch von den Eltern arrangiert und offenbar funktioniert die Methode, zumindest nach aussen. In der pakistanischen Provinz Punjab, berichteten Zeitungen anfangs Juni 2014, hätten ein Vater, der Bruder und weitere Familienangehörige die zwanzigjährige Tochter zu erschiessen versucht, weil sie wenige Tage zuvor ohne Zustimmung ihrer Familie geheiratet hatte. Sie überlebte schwer verletzt. Gewiss ein Extremfall, doch er zeigt die Schwäche dieses Systems: Töchter sind ihren Vätern und Brüdern meist hilflos ausgeliefert.

Wie finden Mann und Frau bei uns in Mitteleuropa zueinander?
Die Erfindung des Computers und des Internets hat vieles verändert. Laut Statistik finden sich heute sechs von zehn Paaren übers Internet. Damit scheint die Partnersuche ganz einfach zu sein, das Internet ist voller Angebote verschiedenster Art, man kann den Gewünschten oder die Gewünschte in aller Ruhe zuhause aussuchen. Oder ist das Ganze dadurch erst recht kompliziert geworden? Man kann sich schlecht in eine Mail-Adresse verlieben und auch kaum in ein Foto am Bildschirm. Auch chatten über Face-Time hilft nicht viel weiter. Wer ernsthaft einen Partner, eine Partnerin sucht, vertraut sich heute lieber einer Partner-Vermittlungs-Agentur an, die einem dann «passende» Angebote kostenpflichtig unterbreitet, vielleicht gleich ein halbes oder ein ganzes Dutzend – ähnlich wie beim Schuhkauf, wo einem die Verkäuferin oder der Verkäufer verschiedene Modelle vor die Füsse legt – mit dem kleinen Unterschied, dass man beim Schuhkauf jedes Modell ausprobieren kann, wenigstens für ein paar Schritte, ein paar Minuten. Das kann man bei Partnerschaftsangeboten nicht.

Gibt es trotz dieser Unterschiede Parallelen zwischen früher und heute? Der Bibel sei Dank, die uns die folgende Geschichte aus alter Zeit überliefert und sie farbig und detailreich schildert.

Abraham, wir haben ihn inzwischen näher kennen gelernt, war alt geworden, die Jahre waren ins Land gezogen. Sein Sohn Isaak war schon seit längerer Zeit erwachsen und noch immer allein. Abraham blickte auf ein reiches Leben zurück und war mit sich zufrieden. Nun wollte er noch seinen Sohn verheiratet sehen. Er liess eines Tages seinen ältesten Knecht, den Verwalter seines Besitzes zu sich kommen und sagte zu ihm:
«Ich bin jetzt alt. Versprich mir, dass du (!) für meinen Sohn Isaak keine Frau aus dem heidnischen Kanaan wählst. Schwöre mir bei Gott, dass du unverzüglich in meine Heimat (dem heutigen Irak) reisen wirst, um dort für Isaak eine Frau aus meiner Verwandtschaft zu suchen». Der Verwalter hatte Bedenken: «Aber was soll ich tun, wenn die Frau, die mir als die richtige erscheint, nicht hierher folgen will? Der Weg ist weit und ist voller Gefahren! Soll ich dann deinen Sohn Isaak dort in deiner Heimat zurücklassen?» Das wollte Abraham auf keinen Fall. «Nein, das darfst du nicht tun, unter keinen Umständen! Der Gott des Himmels und der Erde wird dich begleiten und deinem Auftrag Gelingen schenken. Die Frau wird dir bestimmt folgen. Gott hat mich aus meiner Heimat und meiner Sippe weggeholt und hierher kommen lassen und mir zugesagt, dass dieses Land meinen Nachkom-

men gehören soll. Falls dir die Frau aber nicht folgen will, so bist du von deinem Eid entbunden. Nur lass meinen Sohn Isaak nicht dort zurück».
Da legte der Verwalter seine Hand auf Abrahams Brust und schwor, alles genau so auszuführen wie Abraham es verlangt hatte. Dann machte er sich reisefertig, nahm zehn von Abrahams Kamelen sowie viele wertvolle Geschenke und machte sich auf den Weg ins Zweistromland – in die Stadt in der Abrahams Bruder Nahor lebte.
Als er nach einer langen Reise dort ankam, hielt er an der Quelle vor der Stadt an und liess seine Kamele niederknien, um sie zu tränken. Es ging gegen Abend zu, der etwas kühleren Tageszeit, in der die Frauen zum Wasserholen hinausgingen.

Der Verwalter betete still für sich und bat Gott um Glück zu seinem Vorhaben: Gott möge doch den Wunsch seines Herrn erfüllen! Er dachte sich: gleich werden die jungen Mädchen aus der Stadt hierher kommen und Wasser schöpfen. Ich will eine von ihnen bitten, mir ihren Krug zu reichen, damit ich trinken kann. Falls nun das Mädchen sagt: Ja, trink nur und ich will auch deinen Kamelen zu trinken geben, dann soll dies für mich ein Zeichen sein, dann weiss ich, dass Gott mich führt und dass dieses Mädchen für Isaak die Richtige ist.

Er hatte kaum zu Ende gebetet, als er ein Mädchen mit einem Wasserkrug auf der Schulter auf sich zukommen sah. Es war Rebekka, die Enkelin von Abrahams Bruder Nahor. Sie war anmutig und noch nicht verheiratet, was man ihr an einem bestimmten äusserlichen Merkmal ansah. Sie ging die Stufen zum Brunnen hinab, füllte den Krug, hob ihn auf die Schulter und kam wieder herauf. Rasch trat der Verwalter auf das Mädchen zu und bat sie, ihm einen Schluck Wasser zu geben. Wie würde sie reagieren? Würde sie weglaufen? Hatten ihre Eltern sie gewarnt: Lass dich nie von einem fremden Mann ansprechen? Nein, sie liess den Wasserkrug auf ihre Hand herunter und hielt ihn so, dass er daraus trinken konnte. «Trink nur», sagte sie. Als er getrunken hatte, sagte sie: «Ich will noch mehr Wasser holen, damit auch deine Kamele trinken können». Sie leerte den Krug in die Tränkrinne und stieg wieder zum Brunnen hinab. Das tat sie so lange, bis auch die Kamele genug hatten. Abrahams Verwalter stand schweigend dabei, schaute ihr zu und wartete gespannt, ob Gott seiner Reise wohl Gelingen schenken würde, denn das Mädchen war sehr schön anzuschauen. Er holte einen goldenen Nasenring und zwei schwere Armreifen aus seinem Gepäck, gab ihr alles und fragte sie, wer sie sei und ob vielleicht ihr Vater in seinem Haus Platz zum Übernachten hätte? «Bestimmt», sagte sie, sie sei die Tochter Betuels und heisse Rebekka. Betuel sei der Sohn des Nahors und der Milka. Sie hätten Platz genug für ihn und auch genügend Futter für seine Tiere.
Da kniete der Verwalter nieder und dankte Gott mit den Worten: ‚Du Gott Abrahams, du hast ihm deine Güte und Treue bewahrt und mich geradewegs zu den Verwandten meines Herrn geführt!'

Das Mädchen war inzwischen nach Hause gelaufen und erzählte dort, was sie erlebt hatte. Rebekka hatte einen Bruder namens Laban. Als dieser den goldenen Schmuck sah und vom Mädchen erfuhr, was der Mann zu ihr gesagt hatte, lief er zur Quelle, wo Abrahams Verwalter noch mit seinen Kamelen wartete.
«Komm doch herein zu uns!», rief Laban, »du bringst den Segen Gottes mit. Warum bleibst du hier draußen? Ich habe schon alles herrichten lassen und für deine Kamele ist genug Platz.«
Da ging der Verwalter mit ihm ins Haus. Laban ließ die Kamele abzäumen und Streu und Futter für sie holen. Dem Gast und seinen Leuten brachte man Wasser, damit sie sich die Füße waschen konnten. Als sie ihm etwas zu essen brachten, sagte er: «Ich muss zuerst meinen Auftrag ausrichten, bevor ich essen kann». Laban forderte ihn auf zu reden. «Ich bin Abrahams Besitzverwalter. Gott hat ihn reich gesegnet mit vielen Schafen, Ziegen und Rindern, mit Silber und Gold, mit Sklaven und Sklavinnen. Er ihn auch zu hohem Ansehen gebracht. Auch hat Sara, die Frau meines Herrn, ihm in hohem Alter noch einen Sohn geboren, dem er seinen ganzen Besitz vermacht hat.
Nun hat mein Herr mich einen Eid schwören lassen und hat mir aufgetragen: 'Du darfst für meinen Sohn Isaak keine Frau aus dem heidnischen Land Kanaan wählen. Geh zu meinen Verwandten, zur Familie meines Vaters und hole ihm von dort eine Frau'.

Als ich einwandte, dass die Frau mir vielleicht nicht in das fremde Land folgen werde, da sagte er: 'Gott, nach dessen Willen ich mich immer gerichtet habe, wird seinen Engel mit dir schicken und deine Reise gelingen lassen, sodass du für meinen Sohn aus meiner Verwandtschaft, aus der Familie meines Vaters, eine Frau findest. Wenn meine Verwandten dir aber keine Frau für meinen Sohn geben wollen, bist du nicht mehr an deinen Schwur gebunden.'

Als ich nun heute an die Quelle kam, betete ich und sagte: 'Gott Abrahams, lass doch bitte meine Reise gelingen! Ich stehe hier an der Quelle und bitte dich um ein Zeichen: Zu dem ersten heiratsfähigen Mädchen, das herauskommt, will ich sagen: Gib mir doch einen Schluck aus deinem Krug! Wenn sie darauf sagt: Trink nur, und auch deinen Kamelen will ich zu trinken geben – dann weiß ich: sie ist es, die du, o Gott, für den Sohn meines Herrn bestimmt hast.'
Kaum hatte ich diese Worte in meinem Herzen gesprochen, da kam Rebekka mit dem Krug auf der Schulter, stieg die Stufen zur Quelle hinab und schöpfte Wasser. Ich sagte zu ihr: 'Gib mir doch etwas zu trinken!' Da ließ sie sogleich ihren Krug von der Schulter herunter und sagte: 'Trink nur, und auch deinen Kamelen will ich zu trinken geben!'
Als alle Tiere getrunken hatten, fragte ich sie nach ihrem Vater, und sie sagte mir, dass es Betuel sei, der Sohn Nahors von seiner Frau Milka. Als ich diese Namen hörte, da legte ich ihr den goldenen Ring an die Nase und die Goldreifen um ihre Arme.
Und dann warf ich mich nieder und dankte Gott dass er mich so geradewegs zum Bruder meines Herrn geführt hat und ich jetzt dessen Tochter als Frau für den Sohn meines Herrn erbitten kann. Sagt mir nun also, ob ihr meinem Herrn gutgesinnt seid und seinen Wunsch erfüllen wollt! Wenn nicht, dann muss ich eben anderswo suchen.«
Laban und seine Familie erwiderten: «Das hat Gott so gefügt! Wir können seine Entscheidung nur annehmen. Hier ist Rebekka, nimm sie mit! Sie soll den Sohn deines Herrn heiraten, wie Gott es bestimmt hat».

Als Abrahams Verwalter das hörte, warf er sich auf die Erde und dankte Gott.
Darauf packte er Silber– und Goldschmuck und festliche Kleider aus seinem Gepäck und gab sie Rebekka. Auch ihrem Bruder und ihrer Mutter gab er kostbare Geschenke. Dann aßen und tranken die Gäste und legten sich schlafen. Am anderen Morgen sagte Abrahams Verwalter zum Bruder des Mädchens und zu dessen Mutter: »Lasst mich jetzt zu meinem Herrn Abraham, zurückkehren!«
Die beiden baten ihn: »Lass doch das Mädchen noch eine Weile bei uns bleiben, nur zehn Tage; dann soll sie mit dir gehen!« Er aber sagte: »Haltet mich nicht auf! Gott in seiner Güte hat meine Reise gelingen lassen. Ich möchte jetzt zu meinem Herrn zurückkehren.«
»Wir rufen das Mädchen«, sagten die beiden, »sie soll selbst entscheiden.«
Sie riefen Rebekka und fragten sie: »Willst du mit diesem Mann mitgehen?« Rebekka sagte: »Ja, das will ich.« Da verabschiedeten sie Rebekka und ihre Amme und auch den Verwalter Abrahams mit seinen Leuten. Sie segneten Rebekka und Laban sagte: »Schwester, du sollst die Mutter von vielen Tausenden werden! Mögen deine Nachkommen ihre Feinde besiegen und ihre Städte erobern!«

Rebekka und ihre Dienerinnen machten sich reisefertig, setzten sich auf die Kamele und zogen mit Abrahams Besitzverwalter und seinem Gefolge. Dieser hatte es eilig. Man hätte ihn gerne noch einige Tage beherbergt, aber er wollte nicht, es drängte ihn, seinen erfolgreich erfüllten Auftrag zu einem guten Ende zu bringen.

So weit die Geschichte.

Es erstaunt, dass ein noch junges Mädchen so rasch einen für sie folgenreichen Entscheid fällt. War es die Person des Verwalters, die sie so beeindruckte und ihr Vertrauen einflösste? War es der Glanz der Goldringe und der schönen Kleider, die gute Tage versprachen? Oder war es ein Stück Abenteuerlust, das in ihr steckte? Wir wissen es nicht. Wie würden sich wohl heutige Eltern in einer ähnlichen Situation verhalten, wenn ihre vierzehnjährige Tochter einem Heiratsangebot von fernen (im Sinne von

Distanz) Verwandten folgen möchte? Rebekka war kaum älter, vielleicht sogar jünger als vierzehn. Die kleine Karawane machte sich auf den Weg nach Süden, folgte wohl einem der Wege der späteren Seidenstrasse und erreichte dann Kanaan. Isaak wohnte damals im Süden in der Nähe eines Brunnens. Brunnen waren überlebenswichtige Standorte, wo man Trinkwasser aus dem Grundwasser gewann. Kann sein, dass er ungeduldig das Eintreffen des Verwalters erwartete. Eines Abends befand sich Isaak auf dem Felde, als er von weitem Kamele erblickte, die sich näherten. Auch Rebekka hatte ihn gesehen und fragte den Verwalter, wer dieser Mann sei. «Das ist Isaak, mein Herr!» antwortete der Verwalter. Da liess sich Rebekka rasch vom Kamel gleiten und bedeckte ihr Gesicht mit einem Schleier. Dann erzählte der namenlos gebliebene Verwalter alles was sich auf seiner Reise zugetragen und wie er Abrahams Verwandte im Zweistromland getroffen hatte. Isaak hörte gespannt zu, nahm dann Rebekka an der Hand und führte sie ins leere Zelt seiner Mutter Sara, die inzwischen verstorben war und deren Tod bei Isaak eine schmerzliche Lücke hinterlassen hatte.

Keine Feierlichkeit, kein Priester, keine Zeremonie, nur eine vollzogene Ehe, die eben dadurch als Ehe galt. Rebekka wusste, worauf sie sich eingelassen hatte und
«Isaak nahm sie zur Frau und gewann sie lieb.» Ein kurzer, aber inhaltschwerer Satz.

Keine Feierlichkeit, kein Priester, keine Zeremonie, nur eine vollzogene Ehe, die eben dadurch als Ehe *galt.* Rebekka wusste, worauf sie sich eingelassen hatte und wollte diese Ehe. Dass auch unter solchen Umständen Liebe möglich wurde, trotzdem sie keine Voraussetzung war, zeigt dieses biblische Paar. Er *gewann* sie lieb und sie ihn wohl auch. Sie sollte bald einmal Mutter von Zwillingen werden.

Wir erfahren so nebenbei eine Menge interessanter Einzelheiten aus dem damaligen Alltag: *Abraham* will für seinen Sohn eine Frau suchen. Isaak sucht nicht selbst, sein Vater sucht für ihn, weil er klare Bedingungen für seine zukünftige Schwiegertochter stellt. Sie soll keine kanaanäische Frau sein, die an für ihn fremden Göttern hängt, sondern ein Mädchen aus seiner Sippschaft und von seinem Glauben an den Einen Gott. Diese Sippschaft lebt aber weit weg und Abraham muss seinen Verwalter deshalb auf eine wochenlange Reise schicken. Er gibt ihm genaue Anweisungen, wie er vorzugehen habe und wie er sich bei seiner Ankunft verhalten solle.
Abraham spricht von einem Engel, der den Verwalter begleiten werde. Wie sich die Religiosität des Verwalters, von Abrahams Glauben geprägt, im Alltag auswirkte zeigt der Text auf eindrückliche Art. Der Verwalter spricht frei formulierte Gebete *(«in seinem Herzen»)* in für uns nachvollziehbaren Momenten, und er wirft sich dazu auf den Boden, wie das Muslime beim Beten heute noch tun.

Abraham ist reich. Reichtum wird hier und anderswo im Alten Testament als Ausdruck von Gottes Segen verstanden, ganz ähnlich wie das noch heute in den Vereinigten Staaten verstanden wird, während bei uns Reichtum oft etwas Anrüchiges hat und nicht als besonderen Beweis für Gottes Segen aufgefasst wird.

Rebekkas *Verhalten einem fremden Mann gegenüber* ist für ein junges Mädchen der damaligen Zeit überaus locker und natürlich. Sie ist sehr hilfsbereit und entgegenkommend. Sie muss ja, um Wasser zu holen, über einige Treppenstufen in einen Brunnenschacht hinuntersteigen, dort unten ihren Krug mit Wasser füllen und den vollen Krug (auf der Schulter balancierend) wieder hinauftragen. Sie tut dies mit einem Lächeln. Bei den zehn Kamelen, die der Verwalter bei sich hatte und die wohl seit längerer Zeit nichts getrunken hatten, war das keine Kleinigkeit. Kamele schaffen es, innerhalb von kurzer Zeit viel Wasser zu trinken.

Frauen und Mädchen tragen *Nasenringe und Armreifen aus Gold.* Das Bedürfnis, sich zu schmücken und seinen Reichtum zu zeigen, ist also sehr alt und Nasenringe haben in unserer Zeit eine Renaissance erlebt.
Rebekka hat eine Amme, eine Frau, die sie als Kleinkind stillte. Ihre Mutter tat dies nicht. Das erinnert an Verhältnisse im europäischen Adel und im Bürgertum vor noch hundert Jahren. Rebekka hat auch

Dienerinnen, eigentlich Sklavinnen, wie damals jede besser gestellte Familie. Ihre Amme und ihre Dienerinnen dürfen (oder müssen) sie jetzt begleiten, da Rebekka dem Verwalter in die Fremde folgen will. Das erklärt auch, warum sie sich so leicht von ihrer Familie trennt, sie wird nicht allein gehen, die ihr vertrautesten Personen werden sie begleiten.

Als der Verwalter aufbrechen will, möchte man ihn noch für zehn Tage zurückbehalten. Musse ist ein Bestandteil des damaligen Lebens und es gehörte sich, Gastfreundschaft nicht nur zu gewähren, sondern auch anzunehmen. Doch der Verwalter will nicht länger warten, es drängt ihn, seinen Auftrag zu erfüllen.
Und was sagt Rebekkas Familie dazu? *«Hier ist Rebekka, nimm sie mit!»* Rebekka hat sich entschieden und die Familie akzeptiert ihren Entscheid, es wird nicht über sie verfügt. Sie konnte sagen, ob sie mitgehen wolle. Und dies vor viertausend Jahren! Auch die Segenswünsche, die ihr mitgegeben werden, sind erwähnenswert: *«Tausende von Kindern»* soll sie haben und:
«Mögen deine Nachkommen ihre Feinde besiegen und ihre Städte erobern»!
Beide Wünsche haben sich später erfüllt, trotzdem der zweite Wunsch nach unserem Empfinden kein frommer Wunsch war.

Die Rückreise wird lang gewesen sein. Als sie endlich in Kanaan ankommen und Isaak ihnen entgegen kommt, verschleiert sich Rebekka. Erst jetzt. Die Verschleierung einer Frau kam also nicht erst im Islam auf (Mohammed kam erst um 570 nach Christus in Mekka zur Welt und starb am 8. Juni 632 in Medina) sondern ist viel älter und die Verschleierung wurde erst viel später in bestimmten Ländern zur Ganzkörper-Bedeckung (Tschador und Burka).

Isaak nimmt Rebekka zur Frau und gewinnt sie lieb. Interessant ist die Reihenfolge: Er führt sie erst ins Zelt hinein und sie wird, nicht gleich, aber bald, seine Frau. Damit ist keine Hochzeitsfeier gemeint, sondern der körperliche Vollzug der Ehe. Erst daraus entsteht bei beiden eine Liebesbeziehung. Isaak soll zu diesem Zeitpunkt vierzig Jahre alt gewesen sein, Rebekka kaum mehr als vierzehn. Isaak hat später keine zweite Frau, auch von Sklavinnen als Leihmüttern ist hier nicht die Rede, obschon Rebekka lange Zeit nicht schwanger wird. Zwanzig lange Jahre muss sie warten. Aber dann gebiert sie Zwillinge, zwei Knaben: Esau und Jakob.
Zwei Söhne mit nur einer Geburt! Der erste, der das Licht der Welt erblickte, war am ganzen Körper von rötlichen Haaren bedeckt, man nannte ihn darum Esau (d.h. der Behaarte).
Danach kam sein Bruder, der umklammerte mit einer Hand Esaus Ferse; darum gaben sie ihm den Namen Jakob (der Fersenhalter). Isaak soll sechzig Jahre alt gewesen sein, als die beiden geboren wurden.

Die Kinder wuchsen heran. Esau wurde ein Jäger, der am liebsten in der Steppe umherstreifte. Jakob hingegen wurde ein häuslicher, ruhiger Mensch, der bei den Zelten blieb.

Wir werden von beiden noch einiges hören.

3. Lamech – dem nur eine Frau nicht genügte. (1. Mose 4:18-24)

Der biblischen Überlieferung zufolge war Lamech einer der Patriarchen (Erzväter), die vor der Sintflut lebten. Er war Sohn des Methusalems, der als Inbegriff eines langen Lebens gilt und fast tausend Jahre gelebt haben soll. Lamechs Name bedeutet «kräftiger Jüngling» und gibt schon einen ersten Hinweis auf sein Wesen. Nur wenig ist von ihm überliefert, aber dieses Wenige genügt, um einiges über ihn zu erfahren. Zum Beispiel:

- er war ein aufgeblähter, eitler Mann
- er war mit zwei Frauen verheiratet
- er war ein unangenehmer Mensch und hatte trotzdem einige interessante Söhne.

Mit Lamechs Söhnen wird der Beginn der Musik, der Eisenzeit und der wandernden Nomaden begründet: Jubal sei der Stammvater der Musiker: *«derer, die Zither und Schalmeien handhaben».*
Tubal-Kain wurde der Stammvater der Schmiede: *«derer, die Erz und Eisen schmieden».*
Jabal wurde der Stammvater der Nomaden: *«derer die in Zelten und bei Herden wohnen».*
Lamechs erste Frau hiess Ada(h), die «Morgenröte». Sie war die Mutter von Jabal und Jubal. Die zweite Frau hiess Zilla (auch Tselah) deren Name der «Schatten» bedeutet. Sie war die Mutter von Tubal-Kain. Noah, der die Sintflut überlebte, und noch weitere Söhne und Töchter werden nicht näher beschrieben.

Nun zur Person des Lamech. Er fordert seine beiden Frauen auf, ihm zuzuhören und singt ihnen ein Lied. Er scheint zumindest musikalisch zu sein, doch sein Lied ist ein drohendes, eigentlich ein mörderisches Lied. Es zeigt Lamech als einen von sich eingenommenen und überaus rachedurstigen Mann, der nach allen Seiten Drohungen ausspuckt: Wehe, sagt er, wenn mich einer auch nur anrührt!
«Sollte mich einer verwunden, so werde ich ihn töten. Sollte ein Jüngling meine Haut ritzen, so werde ich ihn umbringen. Wurde dem Kain siebenfältige Rache zugesichert, so soll meine Rache siebenundsiebzig Mal töten». (4:23)

Was wollte der Mann mit solchen Aussagen erreichen? Drohte ihm Gefahr und wollte er sich damit selbst Mut machen? Es scheint eher seine Art von Balzverhalten zu sein, er singt dieses Lied vor seinen Frauen und man könnte sich vorstellen, dass er dabei mit beiden Fäusten auf seiner wohl breiten Brust trommelte.
Sein Lied sollte wohl seine beiden Frauen beeindrucken.
Lamech ist also ein Protz und er ist aggressiv; er fällt auf durch sein übertriebenes Imponiergehabe. Seine kräftige Statur (siehe sein Name) verleitet ihn dazu, überall den Wettbewerb zu suchen und seine Kräfte nach allen Seiten messen zu wollen. Kommt uns das nicht bekannt vor? War Lamech etwa ein typischer Mann?
Aus dem *«kräftigen Jüngling»* war ein breitspuriger, herausfordernder Mann geworden, der seinen Wert überschätzte. Lamech war ein gefährlicher Zeitgenosse, man kann ihn gut und gerne als ersten biblischen Macho bezeichnen. Ein Macho, das Wort stammt aus dem Spanischen, ist ein sich übertrieben männlich gebender Mann, der durchs Leben zieht wie der Stierkämpfer durch die Arena. Solche Männer gab es in der Geschichte zur Genüge und es gibt sie auch heute – bereit bei der geringsten Provokation zuzuschlagen. Beim weiblichen Geschlecht sind sie oft erfolgreich weil in vielen Frauen das Bedürfnis schlummert, beschützt zu werden. Ein Mann muss für sie entweder gross und stark sein, jedenfalls grösser als sie selbst, oder besonders intelligent, oder sehr reich. Reichtum und Ansehen können fehlende positive Merkmale häufig ersetzen. In jeder Illustrierten kann man Beispiele dafür finden, wie hübsche Frauen sich von Männern umgarnen lassen, die keineswegs dem Adonis gleichen (griechischer Gott der Schönheit).

«Lamech aber nahm zwei Frauen...» (4:19)
Nach der biblischen Überlieferung war Lamech nur der erste, aber keineswegs der einzige Mann, der mehr als nur eine Frau hatte. Die Frage drängt sich deshalb auf, ob Lamech und die andern *Ausnah-*

men darstellen, oder ob der Mann an sich, also von Natur aus, *polygam* veranlagt sei und *mehr als nur eine* Frauenbeziehung brauche, um zufrieden zu leben.

Was hatte den Lamech denn veranlasst, eine zweite Frau zu heiraten? War Lamech der Ada, seiner ersten Frau, überdrüssig geworden? Hatte er sich darum der Zilla zugewandt? Aus der Geschichte Jakobs mit seinem Schwiegervater Laban erfährt man, wie Väter damals (und noch lange, lange darnach) über ihre Töchter nach Belieben verfügten. Töchter heirateten nicht, sie wurden im Normalfall vom Vater verheiratet. Das ist in vielen Ländern heute noch so. Rebekka war eine Ausnahme. Was mag Zillas Vater bewogen haben, seine Tochter einem Mann zu geben, der schon verheiratet war? Ihr Name «Schatten» könnte darauf hindeuten, dass sie weniger attraktiv war als die Ara, die man die «Morgenröte» nannte.

War Zilla ein Schattenpflänzchen? Hatte sich ihr Vater vielleicht gesagt: Besser einen verheirateten Mann für sie als gar keinen? Unverheiratet zu bleiben, war für eine Frau damals eine Katastrophe. Heute wählen Frauen ihre Männer selbst. Trotzdem gibt es Frauen, die einem verheirateten Mann verfallen sind. Was verleitet sie dazu? Ist auch ihnen ein verheirateter lieber als gar kein Mann?

Fragen wir mal den Lamech, was ihn bewogen haben könnte, zusätzlich eine *zweite* Frau zu heiraten: «Ach, das ist eine lange Geschichte», hätte er vielleicht auf unsere Frage geantwortet.
«Zuerst habe ich die Ada beim Wasserholen kennen gelernt». An einer Wasserstelle konnte damals ein Mann leicht fremden Mädchen begegnen. «Sie ist mir gleich aufgefallen und ich habe beschlossen, ihren Vater aufzusuchen und ihm eine Heirat vorzuschlagen. Er war einverstanden und so habe ich sie geheiratet. Wir verlebten eine gute Zeit miteinander. Dann wurde sie schwanger und musste sich schonen. Bei der Feldarbeit war ihr häufig übel. Ich musste sogar einige ihrer Arbeiten selbst übernehmen, zusätzlich zu meinen eigenen, versteht sich. Als dann mein Sohn Jabal zur Welt kam geriet ich in Schwierigkeiten, weil mir die Arbeit über den Kopf wuchs. Man kann nicht gleichzeitig in den Zelten *und* bei den Herden sein. Ich als Mann, das wird man bestimmt verstehen, kam dabei zu kurz, na ja, Sie wissen schon, wie ich das meine. Ich ertappte mich dabei, dass ich den Mädchen intensiver nachschaute und habe mich auch gefragt, ob Ada je wieder so sein würde wie sie früher war. Dann habe ich die Zilla gesehen und sie nicht mehr aus meinem Kopf gebracht. Ich überlegte, ich könnte sie doch zusätzlich heiraten, dann hätte ich eben zwei Frauen, warum nicht, man hört ja dies und das zum Thema. Ada wäre dann nicht mehr allein, könnte sich dem Jabal ausgiebiger widmen und ich, ja, ich hatte keinerlei Mühe mit dieser Vorstellung, wirklich nicht. Darum habe ich die Zilla geheiratet und jetzt funktioniert das Ganze wunderbar, ich kann diese Lösung nur weiter empfehlen».
«Und was sagte Ihre Frau Ada, als Sie noch eine zweite Frau heimführten?»
«Tja», meinte Lamech, «die war froh, nicht mehr so viel allein zu sein. Beide Frauen verstehen sich übrigens ausgezeichnet und sind mit ihrem Los sehr zufrieden.»

Etwa so könnte Lamech gesprochen haben.

Wir hätten die Frauen gerne selbst befragt, um zu erfahren, ob sie mit ihrer Lage *wirklich* zufrieden seien und wie denn eine solche Doppelehe im Alltag funktioniere. Bestand zwischen beiden Frauen ein stiller Wettbewerb um die Gunst des starken Mannes? Oder entschied Lamech nach seinem Belieben, bei wem er die Nächte verbrachte? Egal, ob sie in einem Zelt oder schon in einem Lehmhaus lebten, es stand auch in einem Lehmhaus kaum mehr als ein einziger Raum zur Verfügung, in dem gekocht, geschlafen und häufig gemeinsam mit Haustieren gelebt wurde. Ein Badezimmer gab es nicht und schon gar nicht zwei. Betten im heutigen Sinne gab es auch keine – wohl eher eine Art Strohlager. Lamech lebte also mit seinen beiden Frauen zusammen auf engstem Raum, eine Intimsphäre gab es nicht. Schliefen vielleicht alle drei gemeinsam auf breiten Fellen? Wie war das für die beiden Frauen? Wenn er sich mit der Einen stritt, hielt dann die Andere zu ihr, weil sie merkte, dass sie nur zusammen über Lamech eine gewisse Macht besassen? Oder gab es häufig Eifersuchtszenen, die wiederum *seine* Macht stärkten?

Verteilte Lamech seine Zärtlichkeiten, falls dieser doch recht ungehobelte Kerl zu solchen überhaupt fähig war, gerecht nach beiden Seiten? Was fühlte Ada, wenn Lamech bei der Zilla schlief, und was ging dann in der Zilla vor, wenn er bei der Ada lag? Es gab kein Fernsehen, mit dem man sich ablenken konnte und auch Zeitschriften waren noch nicht erfunden. Ging die Andere in solchen Situationen vielleicht einfach hinaus und wusch das Geschirr?

Wie immer: Lamech hatte drei sehr erwähnenswerte Söhne. Der kräftigste von ihnen wurde Schmied; einer war musikalisch begabt und Noah *«war ein frommer Mann, unsträflich unter seinen Zeitgenossen...» (Kp. 6 v. 9)* Trotz all dem Negativen, das sich über diesen Lamech sagen liesse, etwas Gutes war an ihm: auch schwierige Väter können manchmal besondere Kinder haben.

Mag die Geschichte von Lamech auch alt sein, etwas an ihr ist durchaus aktuell: Lamech hat bis zum heutigen Tag unzählige Nachfolger gehabt: Männer, denen eine einzige Frau nicht genügt.

Ehebruch war nach mosaischem- und später auch nach islamischem Gesetz verboten und wurde äusserst streng geahndet (vor allem bei Frauen). Sich ganz offiziell mit mehreren Frauen zu verheiraten, war jedoch lange Zeit und vielerorts erlaubt, auch in der Bibel – wir werden davon noch hören. König Saul und der Psalmendichter David hielten sich so genannte Kebsweiber und der weise Salomon einen nicht mehr überblickbaren Harem *(«ich verschaffte mir Frauen in Menge...» Prediger 2:8).* Fremde Prinzessinnen zu heiraten, gehörte für Salomon und nicht nur für ihn zum politischen Alltag, war Teil seiner Friedensstrategien. Und an «Affären» in Königshäusern mangelte es selten, sie sind bis heute auch ein beliebtestes Thema der Regenbogenpresse.
Der Koran – niedergeschrieben im siebten Jahrhundert und vermittelt durch „Verbalinspiration" des Engels Gabriel) – erlaubt seinen Gläubigen bis zu vier Ehefrauen. Bei vielen Muslimen wurde diese Zahl im Laufe der Geschichte weit überschritten.
2011 durchlief den europäischen Blätterwald die Nachricht von einem 84-jährigen Mann aus dem muslimischen Nordwesten Nigerias mit Namen Mohammed Bello Abubakar, der mit 86 Frauen verheiratet war und, den nigerianischen Medien zufolge, jeder seiner Frauen ein guter Ehemann sei. Seine Gattinnen hätten ihm bis dato 108 Kinder geboren. Es könnten, meinte der Mann auf die Frage eines Journalisten hin, auch 109 sein, ganz genau wisse er es nicht.

Auch die europäische Geschichte ist durchsetzt mit Königen und Fürsten, die mehr als nur eine Frau hatten. Auch moralisch weniger Leichtfertige als der englische König Heinrich VIII. (1491–1547) der nacheinander mit sechs Frauen verheiratet war, kamen mit dem Problem der Bigamie in Berührung. So hatten z. B. im 16. Jahrhundert die Reformatoren Luther, Melanchthon und Butzer einen überaus schwierigen und schwerwiegenden Entscheid zu treffen: Ausgerechnet der Landesherr von Martin Luther, der 1526 mit seinem Land zum protestantischen Glauben übergetretene Landgraf Philipp von Hessen, wollte sich von seiner fast zwanzig Jahre älteren Ehefrau scheiden lassen und ein blutjunges Mädchen heiraten. Seine Frau wehrte sich dagegen und lehnte eine Scheidung ab. Da kam dem Landgraf der Gedanke, er könnte es doch so machen wie der biblische Lamech und die Margarethe von der Saal *zusätzlich* heiraten. Auf Bigamie standen jedoch damals die Todesstrafe und der Kirchenbann. Als Protestant wandte er sich deshalb an Martin Luther, dem Führer der deutschen Protestanten, und wollte statt eines Kirchenbanns dessen *Segen* zu seinem Schritt. Sollte dieser seinen Wunsch ablehnen, drohte er sich direkt an den Papst zu wenden, ausgerechnet er, einer der Vorkämpfer der Reformation, Gründer der ersten protestantischen Universität in Marburg, Luthers direkter Beschützer.
Dieser war in einer überaus schwierigen Lage und machte sich den Entscheid nicht leicht. Der weitere Siegeszug der Reformation hing jedoch auch von Philipp ab und war gefährdet, falls Luther seinen Landesherrn gegen sich aufbrachte. Also schrieb er am 10. Dezember 1539 an Philipp einen denkwürdigen Brief. Er und seine beiden Mitunterzeichner Melanchthon und Butzer winden sich darin, der Entscheid fiel allen offensichtlich schwer. Sie erteilten trotzdem und widerstrebend dem Renaissance-Fürsten einen *Dispens.* Falls er nicht anders könne und so schrecklich darunter leide, so solle er halt eine zweite Frau nehmen, nur solle er das Ganze unter allen Umständen *geheim* halten, denn es sei

nicht auszudenken, was geschehen könnte falls diese Geschichte publik würde und Andere für sich das gleiche Recht einforderten. Natürlich blieb die Sache nicht geheim und die politischen Folgen konnten von den Reformatoren nur mit viel Mühe und Not aufgefangen werden.
Bigamie blieb im christlichen Abendland verboten.
In Indien, in China, in Südostasien, in Afrika, in Polynesien und bei Indianerstämmen Nord- und Südamerikas war die Polygynie (Vielweiberei) lange weit verbreitet und blieb es bis in unsere Zeit hinein.

Heute leben wir offiziell monogam, doch die Zweitfrau in Form einer Freundin und Geliebten ist da und dort vorhanden und liefert Stoff für Umfragen, für Bücher, Filme, Theaterstücke und Fernsehserien. Dass man diese Zweitfrau als «Geliebte» bezeichnet, ist seltsam, denn folgerichtig wäre dann die Ehefrau die «Ungeliebte», was jedoch nur selten zutrifft. Die Geliebte, die Freundin, die Liebhaberin, die Konkubine, man mag sie nennen wie man will, tritt öffentlich kaum in Erscheinung, ihre Existenz wird verschwiegen, *muss* verschwiegen werden. Politiker riskieren ihr Amt und Ansehen durch sie. Aber sie existieren.

Warum also haben viele verheiratete Männer nebst ihrer Ehefrau noch eine Geliebte, eine inoffizielle Zweitfrau in einer offiziell monogamen Gesellschaft? Und warum lassen sich Frauen mit einem verheirateten Mann ein, wohl ahnend oder gar wissend, dass sie sich damit Schwierigkeiten schaffen? Wirken vergebene Männer auf sie attraktiver, weil sie den Singles ab einem gewissen Alter misstrauen? Zilla hat jedenfalls zahllose Schwestern gehabt. Auch in unserer heutigen Gesellschaft leben solche «Schattenfrauen». Sie sind einerseits zu beneiden, weil sie (noch) umworben werden, und sie sind zu bedauern, weil sie häufig rechtlos bleiben und ihre Beziehung ein Schattendasein führen muss. In klaren Momenten ahnen sie wohl, dass sie eines Tages fallen gelassen werden, falls ihr Geliebter sich eine neue Geliebte zulegt oder zu seiner Ehefrau zurückfindet.

Darum nochmals die Frage: Ist ein Mann von Natur aus polygam veranlagt und ist die Einehe für einen normalen Mann eine Überforderung? Ist die Monogamie etwas Unnatürliches, etwas Übergestülptes, der Natur des Mannes eigentlich nicht entsprechendes, das, wenn überhaupt, nur mit Anstrengung durchgehalten werden kann? Viele behaupten dies und einiges scheint ihnen Recht zu geben. Ein Blick in die Tierwelt zeigt, dass dort lebenslange Partnerschaften die Ausnahme bilden. Albatrossse z.B. bleiben bis zu fünfzig Jahren zusammen, Entenpartnerschaften dauern nur eine Saison. Bei den meisten Tieren sammeln die Männchen in der Brunstzeit einen kleinen oder gerne auch grösseren Harem um sich, den sie gegen Konkurrenten erbittert verteidigen. Je kräftiger das Männchen, desto grösser der Harem und desto grösser daher die Chance für gesunde und kräftige Nachkommen. Ist ein Rest von dieser Natur noch im Mann vorhanden? Ist die Polygamie, oder zumindest die Bereitschaft dazu, vielleicht gar genetisch festgelegt? Wenn so viele Männer nach Lamech bereit waren und weiterhin bereit sind, viele Unannehmlichkeiten, Kosten und Probleme auf sich zu nehmen, um sich eine Zilla als Zweitfrau zu halten, muss man sich schon fragen, warum das so ist. Ist dies einfach biologisch bedingt und ist das Testosteron daran schuld, jenes geheimnisvolle Hormon, das im Blut von Männern und oft auch von Frauen kreist, sie bedrängend, sie zu Handlungen zwingend, die sie bei klarem Verstand nie getan hätten und die ihr Leben in der Folge belasten?

Betrachtet man die menschliche Kulturgeschichte, so stellt man fest, dass die Polygamie weit verbreitet war (in Polynesien, in Indien, in Ozeanien usw.; in der Türkei bis Atatürk, in einigen islamischen Ländern bis heute; bei den Mormonen bis ins 20. Jahrhundert und in einigen afrikanischen Ländern bis zum heutigen Tag). Im orientalischen Judentum war die Mehrehe noch im 20. Jahrhundert erlaubt. In der Türkei wurde sie durch Atatürk 1924 abgeschafft, einem Mann, der ironischerweise selbst ein ausgesprochener Frauenliebhaber war. Auch der 2009 gewählte Präsident Südafrikas machte alle seine drei Frauen zu First Ladies und, wenn man den Gerüchten glauben darf, bemühte er sich noch um eine vierte.
In westlichen, vor allem in christlich geprägten Ländern ist die Polygamie gesetzlich verboten. Nicht (oder nur moralisch) verboten ist es, aussereheliche sexuelle Beziehungen zu pflegen. Der Ehebruch ist

nicht mehr strafbar, war es aber lange Zeit. Umfragen stellen fest, dass eine überwiegende Zahl von Männern entweder eine Zweitbeziehung pflegen oder sich im Stillen eine solche wünschten und dann und wann von einer «Zilla« träumen. Das ist, insbesondere für Politiker, nicht ungefährlich, weil sie von ihren Gegnern mit Argusaugen beobachtet werden. Amerikanische Politiker setzen ihre Karriere aufs Spiel falls über sie publik wird, dass irgendwo noch eine weitere Frau in ihrem Leben exisistiert. Der Fall von Bill Clinton, dem 42. Präsidenten der USA, bleibt noch in deutlicher Erinnerung.

Gibt es einleuchtende Gründe, die *gegen* die Mehrehe in irgendeiner Form sprechen? Ja, durchaus: Einmal ist die Mehrehe ungerecht, weil sie nicht allen die gleichen Chancen lässt. Gleichberechtigung verlangt zwangsläufig *gleiche* Chancen für alle, doch diese können bei einer flächenden Mehrehe nicht für alle gleich sein. Hätten die einen mehrere Frauen, so bliebe den andern keine Partnerin, da die Zahl der Mädchen und Knaben immer ungefähr gleich bleibt.
Es war in Europa kein Zufall, dass vor allem beim Adel und später beim Geldadel mehrere Frauen auch offiziell vorhanden waren. Daneben gab es noch mehr oder weniger geheime Affären. Prinz Albert von Monaco wurden als Single 128 Liebschaften nachgesagt und der Freund, der solches von ihm berichtete, meinte, er sei ein Mann «wie alle andern», er sei nur bei Frauen erfolgreicher als «alle andern». Im heutigen Saudiarabien können nur die reichen Männer mehrere Frauen haben weil das Gesetz verlangt, dass jede Frau ihre eigene Wohnung haben muss. Da sich die Kinderzahl bei einer Polygamie vervielfacht (König Ibn Saud, der erste König von Saudiarabien, 1880–1953, zeugte zwischen 60 und 80 Kinder), entstehen beim Tod des Mannes grosse Probleme wegen der Nachfolge und der Erbberechtigung. Für Arme hingegen stellte und stellt sich das Problem kaum.

Die Mehrehe ist nach unserem Verständnis nicht mit der Würde der Frau vereinbar. Keine Frau wünscht sich Konkurrentinnen im eigenen Haus oder ausserhalb und den Mann als Pascha über einen Harem herrschend, der geschickt die einen gegen die andern ausspielt. Auch eine Freundin oder Geliebte findet auf Dauer ihren Zustand kaum wirklich wünschens- oder erstrebenswert.

Der Sinn einer heutigen Ehe kann nicht mehr primär die möglichst hohe Produktion von Kindern sein, sondern eine *lebenslange Partnerschaft* in der Kinder ihren Platz finden. Eine innige Verbindung verunmöglicht fremde Verbindungen. Liebe ist mehr als ein gegenseitiges Arrangement, sie ist exklusiv und will es sein. Eine Doppel-Ehe ist deshalb eine Ehe zu viel.
Die Erfahrung der letzten Jahrzehnte zeigt allerdings, dass die Einehe durch die heutige hohe Lebenserwartung neuen Belastungen ausgesetzt ist.

Die gesteigerte Lebenserwartung hat die Dauer der Ehen verändert. Viele Ehen, die früher zwei oder drei Jahrzehnte schadlos überdauerten, überstehen fünfzig und mehr Jahre nicht.
Steigende Scheidungsziffern scheinen zu bestätigen, dass die Einehe ein unrealistisches Ideal, eine Überforderung der menschlichen, und vor allem der männlichen Natur sein könnte. Doch *gültige* Alternativen dazu gibt es keine.

Unbestritten ist, dass die Einehe hohe Anforderungen an beide Partner stellt und das Glück einer lang andauernden innigen Beziehung nicht leicht zu haben ist. Im dauernden Partnerwechsel oder in losen Wechselbeziehungen ist das ersehnte Glück nicht zu finden und die Mehrehe ist keine realistische Lösung. Der Hinweis auf «die Natur» ist müssig, denn wir haben uns von der Natur längst entfernt. Unnatürlich ist fast alles an uns, auch das Autofahren. Wir stellen an eine Ehe Ansprüche, die weit über die Forderungen der Natur hinausgehen. Wir haben Erwartungen an eine Beziehung, die es so in der Natur gar nicht gibt und die dort auch nicht vorgesehen ist.

Die Ehe als Lebensform ist trotz allem keine unveränderliche Grösse. Sie hat im Laufe der Jahrhunderte viele Veränderungen erfahren. Vom Kauf oder gar Raub einer Braut über Vernunftsehen oder Wahl der Partner durch die Eltern bis hin zur romantischen Liebesehe hat sie manche Variation durchlaufen. Noch heute wird die romantische Liebesehe, die wir als die einzig richtige und sinnvolle Art der Part-

nerwahl ansehen, in sehr vielen Ländern mit Misstrauen betrachtet. Falls ein echter Vergleich möglich wäre, käme man jedoch trotzdem zum Schluss, dass sie Möglichkeiten und Chancen enthält, die weit über das hinausgehen, was andere Eheformen zu geben imstande sind.
In einer romantischen Liebesehe lässt sich ein zutiefst befriedigendes und dauerhaftes Glück finden, das auf andere Weise nicht zu finden ist. Bedingung ist jedoch, dass es beiden Partnern gelingt, sich gegen das Totlaufen zu wehren und der Gewöhnung zum Trotz in einer Beziehung immer wieder Vertrautheit und Erfüllung zu finden.

Wer möchte dies bestreiten?

4. Sodom – eine perverse Geschichte. (1. Mose 9:1 ff)

Liebe umfasst einen grossen Katalog von teils völlig entgegengesetzten menschlichen Verhaltensformen. Sie hat helle und sie hat dunkle Seiten. Liebe kann etwas Wunderbares sein, sie kann aber auch zerstören, denn zur Liebe gehört auch das Besitzenwollen und damit die Eifersucht. In einem Drama von Shakespeare tötet Othello aus Eifersucht zuerst seine Geliebte Desdemona und dann sich selbst, beides aus Liebe.

Zur körperlichen Liebe gehört die Wollust. Sie hat einen schlechten Ruf und dies nicht ohne Grund. Die Geschichte von Abrahams Neffen Lot zeigt sie von ihrer schlechtesten Seite. Diese Geschichte hat Eingang gefunden in die hebräische Bibel, in den Talmud und in den Koran, weil sie exemplarisch zeigt, wie widerlich Wollust auch sein kann.

Lot hatte sich in Sodom niedergelassen, weil ihm die Gegend am südlichen Ende des Toten Meeres ausnehmend gut gefiel. Die Gegend muss damals ganz anders ausgesehen haben als heute, denn sie wird in der Bibel als *«Garten Gottes»* bezeichnet, offenbar war damals reichlich Wasser vorhanden.
«Bevor der Herr Sodom und Gomorra zerstörte, war es dort wie im Garten Gottes oder wie am Nil in Ägypten — bis hinab nach Zoar». (13:1)
Heute erinnert diese Landschaft am Südende des Toten Meeres überhaupt nicht an einen Garten. Sie ist unwirtlich, trocken, heiss und unfruchtbar. Hotels umsäumen das Tote Meer, in denen Menschen mit Hautproblemen von der trockenen, sehr sauerstoffhaltigen Luft und dem mineralstoffhaltigen Wasser Heilung oder zumindest Besserung für ihre Leiden erwarten. Hier soll es also einmal eine Stadt namens Sodom gegeben haben, die keine Stadt im heutigen Sinne war – kaum viel mehr als eine Ansammlung von Steinhäusern.

Dort in Sodom sass ein Mann namens Lot gegen Abend vor seinem Haus, sah seinen beiden Töchtern beim Wasserholen zu und fühlte sich etwas einsam. Es war eine schöne Gegend, seine Töchter waren verlobt und eben trieb einer seiner Hirten seine Rinder in eine Umzäumung. Trotz all dem fühlte Lot sich hier fremd. Man grüsste ihn zwar, aber man schätzte ihn nicht. Die Menschen waren hier anders als er es gewohnt war.
Lot sah durch den aufgewirbelten Staub hindurch zwei Männer auf sich zukommen, die er nicht kannte, Fremde also. Die waren selten. Gastfreundlich, wie Lot und seine Zeit war, stand Lot auf und ging den Fremden entgegen, begrüsste sie überschwänglich und lud sie ein, doch in sein Haus zu kommen und daselbst zu übernachten. Übernachtungsgelegenheiten für Reisende waren damals selten, Reisende waren auf Gastfreundschaft angewiesen und diese wurde gerne und selbstverständlich gewährt. Lot lud die beiden Männer mit den Worten ein:
«Ich bin euer Diener, mein Haus steht euch offen! Ihr könnt eure Füße waschen und bei mir übernachten. Und morgen früh könnt ihr weiterziehen». (19:2)

Die Fremden lehnten Lots Angebot zuerst ab, vielleicht aus blosser Höflichkeit, gaben dann aber seinem Drängen nach und liessen sich in seinem Haus nieder. Lot bewirtete die beiden mit allem, was ihm zur Verfügung stand und das war nicht wenig; Lot wurde schon bevor er sich in Sodom niederliess als wohlhabend beschrieben:
«Auch Lot, der mit ihm (mit Abraham) zog, hatte viele Schafe, Ziegen und Rinder und viele Zelte, in denen seine Hirten mit ihren Familien lebten». (13:5)
Die Kunde von der Ankunft von zwei Fremden hatte sich in der Zwischenzeit im Städtchen rasch verbreitet und viele Einwohner, junge und alte, strömten interessiert zu Lots Haus. Zuerst aus blosser Neugier, um sich nichts entgehen zu lassen, denn Fremde sah man selten, Abwechslungen waren allen sehr willkommen.
Vor Lots Haus hatte sich inzwischen eine stattliche Anzahl Menschen angesammelt, die die Fremden bestaunten, Vermutungen über sie äusserten und durcheinander schwatzten. Das friedliche Bild von den gaffenden und staunenden Einwohnern von Sodom veränderte sich jedoch. Zuerst war nur Gemur-

mel zu hören und einzelne laute Rufe. Das Gemurmel wurde lauter, eine seltsame Spannung lag in der Luft. Man hörte deutlich erregte Stimmen. Was genau schrien sie? Aus der blossen Gier nach neuem war unverhofft eine kaum verhüllte Geilheit geworden. Man hörte Rufe, Lot solle seine Gäste doch mal vorzeigen. Dann rief jemand: ja, das wäre doch mal etwas anderes, und nach dem anschliessenden Gelächter rief man schliesslich im Chor, Lot solle seine Gäste ausliefern: *«dass wir ihnen beiwohnen»*. Als «beiwohnen» bezeichnet die Bibel das, was wir heute etwas unschön Geschlechtsverkehr nennen. Die Einwohner von Sodom verlangten also von Lot, ihnen seine Besucher zum genannten Zweck zur Verfügung zu stellen und dadurch das heilige Gastrecht mit Füssen zu treten. Das war, nicht nur für Lot, eine Ungeheuerlichkeit. Er nennt es geradezu ein Verbrechen:
«Meine Brüder«, rief er, »begeht doch nicht ein solches Verbrechen»! (19:7)
Es scheint, dass die Einwohner von Sodom, vor allem die Männer, die Lot als seine Brüder anspricht, von einer krankhaften Virilität befallen waren, die sie plötzlich überfiel. Wie lässt sich so etwas erklären? Gab es damals Weinbau in dieser Gegend und waren die Leute betrunken?

Im alten Griechenland wurde Dionysos, dem Gott des Weines und der Fruchtbarkeit gehuldigt, ihm wurden Feste gefeiert, an denen es wenig gesittet zuging. Gab es auch hier in Sodom ähnliche Feste und Gelage? Wie dem auch sei – die Situation eskalierte, es entstand eine Art kollektiver Hysterie. Eine entfesselte Meute schrie nun im Chor vor Lots Haus, bereit, sämtliche überlieferten Verhaltensregeln und das heilige Gesetz der Gastfreundschaft zu missachten. Getriebene, von ihren Trieben getrieben, die von keiner Konvention zurück gehalten wurden und auch vor Gewalt nicht zurückschrecken.
«Ein dionysisches Erlebnis: die Selbstaufgabe des freien Individuums im Rausch des Massenrituals» nennt es Imre Kertész, Nobelpreisträger für Literatur 2002.

Ein Einzelner hätte wohl Hemmungen gehabt, so etwas zu fordern, doch als Teil einer aufgewiegelten Masse verlor er diese rasch. Die Masse schützte ihn und gab ihm das Gefühl, mit seinen dunklen Trieben nicht allein zu sein, kein Aussenseiter sondern im Gegenteil ausgerechnet wegen seiner dunklen Triebe ein Dazugehörender.
Bei der Hinrichtung der Kindsmörderin Susanna Margaretha Brandt am 14. Januar 1772 in Frankfurt, an deren Prozess auch Johann Wolfgang Goethe als Anwalt beteiligt gewesen war, sei *«ganz Frankfurt»* auf den Beinen gewesen, um das Straftheater um die junge Frau zu sehen, die in der Folge auch als Gretchen Eingang in den Goethes *«Faust»* gefunden hat.

1793 und 1794 riss man sich um die vordersten Plätze auf dem Platz de la Concorde in Paris, als französische Adlige, Girondisten und König Ludwig XVI., später auch seine Gemahlin, geköpft wurden. *«Man» wollte dabei sein, wartete stundenlang, «holte sich Limonade, Brötchen oder Nüsse von den Strassenhändlern» (Stefan Zweig: Marie Antoinette).* Man wollte da sein, wo alle waren. Ein Einzelner hätte sich dort wohl kaum allein hingesetzt.
Das Phänomen einer Masse die zum Mob wird, ist eine beängstigende, eine abstossende, eine widerliche Situation, die sich jedoch immer wieder ereignet.

Lot erscheint in dieser Lage als ein zwar gutmütiger, aber völlig hilfloser Mann, dieser Situation in keiner Weise gewachsen. Was sollte er nur tun? Er war ja selbst ein Fremder, ein «neu Zugezogener» in Sodom.
Er bot der Menge in seiner Verzweiflung seine beiden Töchter an, zwei eben erblühte und schon verlobte junge Mädchen. War das sein Ernst? Sein Angebot macht fassungslos. War Lot *wirklich* bereit seine Töchter zu opfern, um seine Gäste zu retten? War ihm die Gastfreundschaft wichtiger als die Zukunft seiner Familie? Er hatte keine Zeit zu längeren Überlegungen und vielleicht war er pfiffiger als wir denken. Vielleicht war sein Angebot eine blosse Finte, vielleicht wollte er nur Zeit gewinnen um eine praktikable Lösung zu finden. Die Geschichte zeigt aber gleichzeitig, wie damals ein Vater über seine Familie herrschte und über sie verfügen konnte, insbesondere über die Töchter. Reste dieses Paternalismus sind auch heute noch verbreitet.

Die Männer von Sodom waren jedoch an Lots Angebot nicht interessiert. Sie wollten die beiden *Männer* und allein *diese.* Man nimmt so etwas unter den gegebenen Umständen mit einiger Überraschung zur Kenntnis. Sie beschimpften Lot in unflätigen Ausdrücken und erinnerten ihn daran, dass er selbst als Fremder in Sodom nur geduldet sei.
«Sie aber schrien: »Mach, dass du wegkommst! Du bist ein Fremder und willst uns Vorschriften machen? Wir werden dir noch ganz anders mitspielen als denen! Sie fielen über Lot her und versuchten, die Tür aufzubrechen». (19:9)

Hier stellen sich zur Erzählung einige Fragen. Ist sie eine blosse Beispielerzählung ohne historischen Bezug oder gab es wirklich einmal eine Stadt namens Sodom und hatte sie mit Recht einen schlechten Ruf? Die reale Existenz eines historischen Sodom wird von Geologen nicht ausgeschlossen. Die Bibel spricht über sie ein vernichtendes Urteil:
«Die Bewohner Sodoms aber führten ein schändliches Leben, das dem Herrn missfiel». (13:13)

Nach dem biblischen Text hätten sich also «sämtliche» Einwohner von Sodom vor Lots Haus eingefunden. Nehmen wir einmal an, dass es ein oder vielleicht mehrere Dutzend Menschen gewesen seien. Und diese wären allesamt homosexuell oder zumindest bisexuell orientiert gewesen? Herrschte in Sodom seit langem ein Libertinismus? Hatten die Einwohner alles Mögliche schon gehabt und suchten sie jetzt noch einen besonderen Kick? Und waren vor Lots Haus ausschliesslich Männer versammelt? Der Text spricht von *«klein und gross»,* damit sind wohl Jugendliche und Erwachsene gemeint, über ihr Geschlecht wird nichts ausgesagt. Der Zusammenhang die «Fischweiber» die sich besonders widerlich benahmen.
Sodom ist zum Inbegriff des sexuellen Lasters geworden. Im Begriff «Sodomie» ist das Wort Sodom enthalten. Heute versteht man unter Sodomie sexuellen Kontakt zu Tieren. Demgegenüber fasste man im Mittelalter und bis in die Neuzeit hinein unter diesem Begriff verschiedene Praktiken zusammen welche nicht der Fortpflanzung dienten. Sie wurden pauschal als «Laster wider die Natur» bezeichnet.

Lot war entsetzt. Sein Entsetzen bezog sich jedoch nicht primär auf die sexuelle Orientierung seiner Mitbürger, sondern auf ihre Rücksichtslosigkeit, auf ihre Gier, ihre Gewaltbereitschaft, die nichts, auch kein Gastrecht, respektierte. Menschen also, die, wenn es um die Befriedigung ihrer Triebe ging, vor keiner Grenze zurückschreckten. Ihr Begehren war mächtiger als jede Moral und jede Erziehung, es lenkte ihr Tun und lähmte ihre Hemmungen.
Aber, möchte man doch einwenden, wie war es möglich, dass eine «ganze Stadt» so verdorben sein konnte? Auch Abraham, Lots Onkel, hatte da seine Bedenken. Als er vernahm dass Gott Sodom vernichten wolle, war ihm das Schicksal dieser Stadt nicht gleichgültig. Er haderte mit Gott und appellierte an Seine Gerechtigkeit..
«Abraham trat an ihn (Gott) heran und sagte: »Willst du wirklich Schuldige und Schuldlose ohne Unterschied vernichten? Vielleicht gibt es in Sodom fünfzig Leute, die kein Unrecht getan haben. Willst du sie auch umkommen lassen und nicht lieber die ganze Stadt verschonen wegen der fünfzig»? (18:23-24)

Am Ende sei Gott bei diesem Handel sogar bereit gewesen Sodom wegen zehn «Gerechter» zu schonen. Aber es liessen sich offenbar keine zehn finden. Die Sintflut war umsonst gewesen. Die Menschen hatten aus der Katastrophe nichts gelernt. Sie waren nach der Sintflut nicht anders als vordem,
«...alles Dichten und Trachten ihres Herzens (war) die ganze Zeit (noch immer) nur böse». (6:5)

Die Geschichte von Lot in Sodom wird als besonders krasses Beispiel dafür verstanden, was man unter «böse» verstand. Wäre so etwas heute undenkbar? Was treibt Menschen dazu, sich der Wollust wegen oft rücksichtslos und gewaltbereit zu verhalten? Es gab seit dem Altertum kaum einen Krieg, in dem sich nicht die Wollust mit der Gewalt paarte; wo Vergleichbares zu dieser Sodomgeschichte geschah und weiterhin geschieht, auch heute und wohl auch morgen. Eine der dunklen Seiten der Liebe ist die Gewalt. Sexuelle Gewalt zieht sich durch die ganze Menschheitsgeschichte hindurch. Unrealistisch ist diese Geschichte nicht, im Gegenteil – sie ist zeitlos.

Die Geschichte fand für Lot noch ein gutes Ende. Die Bewohner von Sodom wollten mit Gewalt in sein Haus eindringen, aber seine beiden Gäste zogen ihn ins Haus und schlossen die Tür von innen ab. Es war dunkel geworden und im Durcheinander fanden die Eindringlinge die Türe nicht mehr und wussten am Ende wohl nicht einmal mehr wozu sie hierhergekommen waren. Sie verzogen sich.

5. Jakob – der überraschte Bräutigam (1. Mose 29:9 ff)

Dies ist die Geschichte von einem Mann namens Jakob, der nach sieben Jahren harter Arbeit sein Herzblatt namens Rahel endlich ehelichen konnte und Hochzeit feiern durfte. Am Morgen darnach erwachte er jedoch neben ihrer Schwester und staunte nicht schlecht darüber.

Der Name Jakob und seine Abwandlungen (Jack, Jacques etc.) waren früher weit verbreitet, doch in den letzten Jahren ist dieser Name aus der Mode gekommen. Trotzdem dürfte dieser Jakob der Bibel, auch Jaakob oder Yakow oder Yaakow geschrieben, den meisten bekannt vorkommen. Er war der eine der beiden Zwillingssöhne von Isaak und Rebekka und wurde später selbst Vater von zwölf Söhnen und einigen Töchtern. Jakob wird im Koran Jaqub genannt und zu den 25 Propheten gezählt, die Allah zu den Menschen sandte. Der Glaube an diese Propheten ist einer der sechs islamischen Glaubensartikel.

Jakob war ein besonderer Mann, konsequent auf den eigenen Vorteil bedacht und dabei überaus erfolgreich. Zum Beispiel als es um das Erstgeburtsrecht ging. Der erstgeborene Sohn war immer der Erbe, wie das bei uns auf Bauernhöfen jahrhundertelang der Fall war und oft heute noch ist. Aber um dieses Recht des Erstgeborenen hat es immer wieder Neid und Streit gegeben. Als besonders ungerecht musste der Zweitgeborene von Zwillingen dieses Recht empfinden, hatte er doch allein das Pech, einige Minuten später zur Welt gekommen zu sein als sein Zwillingsbruder. Genau dieses Pech hatte Jakob und es hat ihn viele Jahre lang beschäftigt und gewurmt. Man kann davon ausgehen, dass Jakob und sein Bruder Esau zweieiige Zwillinge waren, denn die beiden waren von Charakter und Aussehen völlig verschieden.
«Esau wurde ein Jäger, der am liebsten in der Steppe umherstreifte. Jakob wurde ein häuslicher, ruhiger Mensch, der bei den Zelten blieb». (1. Mose 25:27)

Der häusliche Jakob war, wen wundert's, der Liebling seiner Mutter. Ihr wäre lieber gewesen, wenn Jakob der Erstgeborene gewesen wäre. Vater Isaak hingegen fühlte sich mehr zu Esau hingezogen, denn er ass für sein Leben gern Wildbret. So bahnte sich um Esaus Erstgeburtsrecht ein familiäres Konfliktpotential an.

Eines Tages ereignete sich folgendes:
Jakob, der Häusliche, kochte gern. Als er wieder einmal mit einfachsten Mitteln ein feines Linsengericht hingezaubert hatte, kam Bruder Esau eben erschöpft und hungrig von einer erfolglosen und ermüdenden Jagd zurück.
«Ach», sagte Esau, «riecht das gut hier! Ich hab' einen Riesenhunger, bitte, gib mir doch von dieser feinen roten Grütze da».
Jakob brauchte nicht lange zu überlegen. Auf eine solche Gelegenheit hatte er seit langem gewartet und er hatte sich seine Reaktion darauf im Voraus zurechtgelegt. Dies war sein Tag, jetzt musste er die Gelegenheit packen, vielleicht kam sie so nie wieder.
«Jakob sagte: »Nur wenn du mir vorher dein Erstgeburtsrecht abtrittst!»
«Ich sterbe vor Hunger«, erwiderte Esau, «was nützt mir da mein Erstgeburtsrecht!»
«Das musst du mir zuvor schwören!», sagte Jakob. Esau schwor es ihm und verkaufte so sein Erstgeburtsrecht an seinen Bruder.
Dann gab ihm Jakob eine Schüssel gekochte Linsen und ein Stück Brot. Als Esau gegessen und getrunken hatte, stand er auf und ging weg. Sein Erstgeburtsrecht war ihm ganz gleichgültig.
(1. Mose 25:30 ff)

Esau der Jäger war ein unsteter Mensch, der Besitz von Land bedeutete ihm nichts. Vater Isaak säte und erntete, doch dies kümmerte Esau nicht, er fühlte sich nicht zur Scholle hingezogen, er hing deshalb auch nicht an seinem Erstgeburtsrecht, das Jakob so liebend gerne gehabt hätte. Esau war kein Familienmensch, zwar heiratete auch er endlich mit vierzig Jahren (schon wieder die Zahl vierzig!)

wie seinerzeit sein Vater Isaak, doch seine drei Frauen: die Judith, die Aholibamah und die Basmath waren fremde Hethiterinnen mit einem fremden Glauben, anders als der Glaube der Sippe Abrahams. Das bereitete seinen Eltern grosse Sorgen. Esau versuchte, dieses Problem zu lindern, indem er seinen Eltern zuliebe auch noch seine Kusine Mahalat ehelichte.
«Da begriff Esau, dass die Frauen Kanaans seinem Vater zuwider waren.
Er ging zu Ismaël (Sohn der Hagar) und nahm zu seinen anderen Frauen hinzu noch dessen Tochter Mahalat, die Schwester Nebajots und Enkelin Abrahams, zur Frau». (28:8-9)

Esau hatte damit vier Frauen. Drei im kanaanitischen Heidentum aufgewachsene und eine in der Familie Abrahams im Glauben an den Einen Gott gross gewordene.
Als Vater Isaak alt war, liess sein Augenlicht sehr nach, er erkannte noch Umrisse, aber keine Einzelheiten mehr. Er fühlte sich dem Tode nahe und es lag ihm viel daran, vorher noch seinen Erstgeborenen zu segnen. Gottes Verheissung an Abraham, ein grosses Volk zu werden, sollte sich in den Nachkommen seines Erstgeborenen erfüllen. Dass Esau auf sein Erstgeburtsrecht zum Preis eines Essens verzichtet und diesen Verzicht auch noch beschworen hatte, davon wusste Vater Isaak nicht. Er liess deshalb den Esau vor sich kommen und sagte zu ihm:
«Ich bin alt und weiß nicht, wie lange ich noch lebe. Deshalb nimm Pfeil und Bogen, jage ein Stück Wild und bereite mir ein leckeres Gericht, wie ich es gern habe. Ich will mich stärken, damit ich dich segnen kann, bevor ich sterbe.» (27:1 ff)

Mutter Rebekka hatte das gehört. Kaum war Esau fort, um für seinen Vater zu jagen, sagte sie zu ihrem Liebling Jakob: Jetzt ist der Augenblick gekommen, jetzt müssen wir handeln!
«Mein Sohn, tu, was ich dir sage: Hol mir von der Herde zwei schöne Ziegenböckchen! Ich werde daraus ein leckeres Gericht bereiten, wie es dein Vater gern hat. Das bringst du ihm dann, damit er dich vor seinem Tod segnet.« »Aber Esaus Haut ist behaart und meine ist glatt«, erwiderte Jakob. »Wenn mich nun mein Vater betastet, merkt er den Betrug, und statt mich zu segnen, verflucht er mich.«
Doch seine Mutter beruhigte ihn: »Der Fluch soll auf mich fallen, mein Sohn! Tu, was ich dir gesagt habe, und bring mir die Böckchen!«
Jakob holte sie, und seine Mutter bereitete ein Gericht zu, wie sein Vater es gern hatte». (27:8 ff)

Jakob wurde von seiner Mutter in Esaus Kleider gesteckt und seine glatte Haut an den Armen mit Ziegenfell umwunden. So wurde dem fast blinden Isaak der Jakob als Esau vorgestellt. Der alte Isaak bemerkte den Betrug nicht und segnete den Jakob. So wurde Esau nicht nur um sein Erstgeburtsrecht sondern auch noch um den Segen seines Vaters gebracht. Rebekka hatte das Ganze wirksam eingefädelt und war nun zufrieden. Als Esau später von einer erfolgreichen Jagd zurückkam, war es zu spät, der Segen war gesprochen und galt, sein Protest war umsonst.

Jakob zog von zuhause fort nach Osten, nach Haran, woher seine Familie ursprünglich stammte. Haran lag zwischen dem Zweistromland und Kanaan, dem heutigen Palästina. Auch er wollte heiraten, aber keine Hethiterin wie sein Bruder Esau. Er kam in Haran an, suchte dort nach den Verwandten seiner Mutter und fand einen Onkel namens Laban, Bruder seiner Mutter. Dieser begrüsste ihn herzlich und bewirtete ihn. Laban hatte zwei Töchter: Lea, die Ältere und Rahel, die Jüngere, aber er hatte keinen Sohn. Er hätte darum den Jakob gerne als Hüter seiner Herden bei sich behalten. Als er dies dem Jakob vorschlug und nach dessen Lohnforderung fragte, zeigte sich Jakob interessiert und und wollte als Lohn die Rahel, die jüngere von Labans Töchtern, zur Frau.

Diese Rahel hatte es ihm angetan. Sie hatte ihm gleich gefallen, er hatte sich in sie verliebt und auf weiteren Lohn wollte er verzichten. Man kann das nachfühlen, denn: *«Lea hatte glanzlose Augen, Rahel aber war ausnehmend schön. Jakob liebte Rahel und so sagte er: «Gib mir Rahel, deine jüngere Tochter, zur Frau! Ich will dafür sieben Jahre bei dir arbeiten.» Laban sagte: «Ich gebe sie lieber dir als einem Fremden. Bleib also die Zeit bei mir!» (1. Mose 29:18)*

So blieb Jakob bei Laban. Sieben lange Jahre arbeitete er für seinen Onkel, ohne andern Lohn als Essen und Nachtlager. Die Zeit sei ihm dabei kurz vorgekommen, weil er die Rahel so liebte. Sieben Jahre umsonst arbeiten, allein um die Rahel heiraten zu können, da kann man schon von Liebe sprechen. Endlich waren die Jahre um. Jakob trat vor seinen Onkel und bat um den vereinbarten Lohn. Laban, genau so listig wie Jakob selbst, willigte ein und veranstaltete ein grosses Hochzeitsfest.
«Laban lud alle Leute im Ort zur Hochzeitsfeier ein». (1. Mose 29:23)

Laban sorgte dafür, dass sein nunmehriger Schwiegersohn Jakob an seiner Hochzeit nicht Durst leiden musste, er schenkte ihm selbst immer wieder Wein nach. Als das neu vermählte Paar sich für die Nacht zurückziehen wollte, schenkte Laban vorher seiner Tochter noch eine Sklavin namens Silpa und führte seine Tochter eigenhändig ins Brautgemach, in dem Jakob schon sehnsuchtsvoll, aber leider nicht mehr nüchtern wartete. Elektrisches Licht gab es nicht und war auch nicht notwendig. Was genau geschah, wissen wir nicht, jedenfalls nicht in Einzelheiten. Sieben Jahre Warten und nun endlich die Erfüllung. Sieben Jahre harte Arbeit und nun endlich der Lohn. Oder doch nicht?
«Am Morgen sah Jakob, dass es gar nicht Rahel, sondern Lea war». (1. Mose 29:25)

Jakob muss sich lange die Augen gerieben haben und war wohl vom gestrigen Abend noch etwas verwirrt. Er versuchte sich zu erinnern: wie war das gestern Abend gewesen? Er verstand nicht. Wo war die Rahel und warum lag Lea hier neben ihm?
Sein Kopf brummte noch, trotzdem wurden ihm langsam die Zusammenhänge klar: man hatte ihn betrogen, sein eigener Schwiegervater Laban hatte ihn um seinen verdienten Lohn betrogen!
Er erhob sich, ging wutentbrannt zu Laban und sagte zu ihm:
«Warum hast du mir das angetan? Ich habe doch um Rahel gearbeitet! Warum hast du mich betrogen?» (1. Mose 29:26)

Menschen, die selbst gerne andere betrügen, wo es ihnen dienlich ist, sind überaus empfindlich, wenn ihnen dasselbe widerfährt. Man kann Jakobs Enttäuschung verstehen. Sieben Jahre harter Arbeit und nun das! Er mochte die Lea zwar, nur hatte sie eben *«matte Augen»* und überhaupt: Rahel war die Frau seines Herzens und für die hatte er in Hitze und Kälte bei den Herden ausgeharrt. Aber Schwiegervater Laban war nicht um eine Antwort verlegen:
«es ist bei uns nicht Sitte, die Jüngere vor der Älteren wegzugeben». (1. Mose 29:26) meinte er.
Laban nutzte Jakobs Verblüffung, um gleich nachzudoppeln:
«Du kannst die Lea jetzt nicht einfach wegschicken, du bist jetzt rechtmässig mit ihr verheiratet. Aber bleibe den Rest der Woche noch bei ihr, dann wollen wir dir auch die Rahel geben, unter der Bedingung, dass du noch weitere sieben Jahre für mich arbeitest. Schlag ein!»
Was blieb dem Jakob schon anderes übrig, als sich einverstanden zu erklären. So übel war Lea nun auch wieder nicht. Er vollendete die vorgeschlagene Woche und heiratete dann wenige Tage später noch die Rahel. Schwiegervater Laban gab der Rahel ebenfalls eine Sklavin mit, die hiess Bilha.

Jakob blieb noch weitere sieben Jahre in Haran. Nach vierzehn Jahren hatte Jakob jedoch endgültig genug und verliess seinen Schwiegervater. Dieser gab ihm noch eine kleine Warnung auf den Weg:
«Nimm dich davor in Acht, meine Töchter schlecht zu behandeln oder noch weitere Frauen zu nehmen. Kein Mensch ist hier als Zeuge für unsere Abmachung, Gott selbst ist unser Zeuge»!
(1. Mose 31:50)

Jakob ging mit seinen beiden Frauen, seiner Habe und seinen erworbenen Herden den langen Weg zurück nach Süden Richtung Hebron, wo er sich niederzulassen gedachte. Jakob hatte zwei Frauen und ein kleines Problem: er hatte die Rahel so viel lieber als die Lea, versuchte aber, dies nicht allzu deutlich werden zu lassen. Und Gott, der Gerechte, sah die elende Situation der Lea, heisst es, und er liess sie schwanger werden, die Rahel aber blieb kinderlos.
Vier Söhne gebar die Lea ihrem Jakob: den Ruben, den Simeon, den Levi und den Juda.
Bei jedem dachte sie: Jetzt werde ich endlich seine Favoritin werden, jetzt endlich wird er mich mehr

schätzen als meine Schwester. Doch Liebe lässt sich nicht befehlen, und Jakob ehrte zwar die Mutter seiner Kinder, aber er liebte die Rahel. Das reichte dieser jedoch nicht, sie wurde zunehmend eifersüchtig auf die Söhne ihrer Schwester und verlor gar die Lust am Leben. Eines Tages trat sie vor ihren Gatten und sagte:
«Sorge dafür, dass ich Kinder bekomme, sonst will ich nicht länger leben»! (1. Mose 30:1)
«Was soll das heissen»? antwortete Jakob wütend. «Bin ich denn Gott, dass ich deinem Schoss befehlen könnte, fruchtbar zu werden? Habe ich nicht alles getan, was ich tun konnte»?

Da hatte Rahel einen rettenden Einfall. Den selben, den ihre Grossmutter Sara gehabt hatte und der damals offenbar nichts Ungewöhnliches war. Wenn es bei mir nicht geht, wozu hat mir denn mein Vater Laban eine Sklavin, die Bilha, geschenkt? dachte sie. Mein Mann soll mit ihr schlafen und sie soll für mich ein Kind gebären!
«Da sagte Rahel: »Hier hast du meine Dienerin Bilha. Schlafe mit ihr, damit sie an meiner Stelle ein Kind bekommt. Wenn sie es auf meinem Schoß zur Welt bringt, ist es wie mein eigenes.
So gab Rahel ihm ihre Dienerin Bilha zur Frau und er schlief mit ihr». (30:3)

Jakob willigte ein, was sollte er denn sonst tun. Wer weiss, vielleicht war ihm Rahels Vorschlag auch nicht zuwider, vor allem war er erfolgreich, wie wir gleich sehen werden. Die Sklavin Bilha wurde nicht gefragt und musste auch nicht gefragt werden, als Sklavin wurde über sie verfügt, wie seinerzeit bei der Hagar. Bilha wusste: falls sie ein Kind bekommen würde, würde es nicht ihr gehören, sie würde nur Leihmutter sein. Aber das bedeutete *an sich* schon einen sozialen Aufstieg. Als Sklavin galt sie wenig, als Mutter eines von Jakob gezeugten Kindes hingegen würde ihre Bedeutung sogleich wachsen. Tatsächlich wurde Bilha schwanger und dies veränderte ihre Stellung grundlegend. Als sie gar einen *Sohn* zur Welt brachte, da hatte sie sich ihren besonderen Status gesichert. Bilha war zufrieden und Rahel war zufrieden, das Kind galt jetzt als Rahels Sohn.
Doch es blieb nicht dabei.
«Danach wurde Rahels Dienerin Bilha noch einmal schwanger und gebar Jakob einen weiteren Sohn. Rahel sagte: »Mit Gottes Hilfe habe ich gegen meine Schwester gekämpft und habe gesiegt.« Und sie nannte ihn Naftali». (1. Mose 30:5-8)

Jakobs Frauen traten nun in einen regelrechten Gebärwettbewerb. Rahel fühlte sich dabei als gleichwertige Partnerin, auf dem Umweg über ihre Dienerin Bilha hatte sie sich einen festen Platz an der Familiensonne gesichert. Doch Lea, die schon vier Söhne geboren hatte (und wohl auch Töchter) hatte noch nicht alle Trümpfe ausgespielt. Als sie selbst nicht mehr schwanger wurde, griff sie zum gleichen Mittel wie ihre Schwester Rahel. Ihre persönliche Dienerin Silpa sollte für sie weiter an der Geburtenfront kämpfen. Jakob gehorchte, hatte nun vier Frauen und war auch bei der vierten erfolgreich.
«Als Lea sah, dass sie keine Kinder mehr bekam, gab sie Jakob ihre Dienerin Silpa zur Frau. Auch Silpa gebar Jakob einen Sohn.
»Er bringt Glück«, sagte Lea und nannte ihn Gad».
Silpa gebar noch einen zweiten Sohn.
«und Lea sagte: »Ich bin glücklich! Alle Frauen werden mich beneiden.« Darum nannte sie ihn Ascher». (Verse 9-13)

Nun war auch Lea zufrieden.

Eines Tages ging ihr erstgeborener Sohn Ruben aufs Feld und brachte Früchte nach Hause die in der Bibel als «Liebesäpfel» bezeichnet werden. Ob dies Granatäpfel waren? Aufgrund seiner zahlreichen essbaren Kerne galt der Granatapfel im Nahen Osten als ein Symbol der Fruchtbarkeit.
Ruben brachte die Früchte seiner Mutter Lea. Dies brachte die misstrauische Rahel auf einen Gedanken: konnte es vielleicht sein, dass in dieser Frucht, die Ruben seiner Mutter brachte, irgendein Zauber lag, der Frauen fruchtbar machte? Sie wollte, um sicher zu gehen, ebenfalls von diesen Früchten und bat ihre Schwester darum, Lea aber verweigerte sie ihr mit den Worten:

»Reicht es dir nicht, dass du mir meinen Mann weggenommen hast? Musst du mir auch noch die Liebesäpfel meines Sohnes nehmen?« Rahel erwiderte: »Wenn du sie mir gibst, soll Jakob meinetwegen heute Nacht bei dir schlafen.«
Als Jakob am Abend vom Feld nach Hause kam, ging ihm Lea entgegen und sagte: »Heute musst du bei mir schlafen; ich habe dafür mit den Liebesäpfeln meines Sohnes bezahlt.« Jakob schlief bei ihr». (Verse 15-16)

Jakob hat viel zu tun und er erhält dazu klare Aufträge. Auch vier Frauen haben ihn allem Anschein nach nicht überfordert. Man mag sich fragen, wie wohl sein Liebesleben im Einzelnen ablief: vier Frauen waren wohl keine Kleinigkeit. Gab es da eine klare Reihenfolge? Und falls alles spontan ablief, wie vermied Jakob dann Spannungen, Vorwürfe und Eifersüchteleien? Alle lebten noch in Zelten. Gab es da für jede Frau ein eigenes Zelt? Oder gab es einfach ein grosses Männer- und ein grosses Frauenzelt? Auf welche Weise wurde damals die Privatsphäre bewahrt, falls es überhaupt eine gab? Gab es jedoch keine, dann wusste jeder und jede, wer an der Reihe war. Sexualität war weder anrüchig noch kompliziert, sondern eine Selbstverständlichkeit, einfach zum Leben gehörend. Man lebte unter Herden und erlebte dabei fast täglich vor Augen geführt, was für das Überleben der Art unabdingbar war. Trotz aller Aufklärungsbemühungen bewirkt das Thema bei uns Städtern noch immer entweder Verlegenheit oder übertriebene Unbefangenheit.

Die Geschichte geht noch weiter.
Lea gebar noch zwei weitere Söhne und eine Tochter. Diese eine Tochter hiess Dina, so dass Jakob schlussendlich die stattliche Zahl von zwölf Söhnen und eine unbekannte Anzahl von Töchtern seine Familie nannte. Jakob, der Mann, wurde von vier Frauen umworben, die vor allem eines von ihm wollten: Kinder, Kinder und noch mehr Kinder. Mancher heutige Mann möchte ihn vielleicht im Stillen um seine Lage beneiden. Die angedeuteten Spannungen zwischen den Ehefrauen einerseits und den Nebenfrauen andererseits belasteten Jakobs Leben jedoch sehr.

Eine einzige Tochter wird mit Namen erwähnt, die Dina. Dass allein sie mit Namen genannt wird, hat einen Grund und bedeutet nicht, dass sie die einzige Tochter war, sie spielte nur eine zentrale Rolle in einem blutigen Drama, von dem wir im nächsten Kapital hören werden.

6. Gewalt zeugt Gewalt (1. Mose 34,1 ff)

Der Patriarch Jakob hatte vierzehn Jahre in Mesopotamien verbracht und die zwei Töchter Labans geheiratet, die eine weil er sie wollte, die andere, weil ihr Vater sie ihm untergeschoben hatte. Weil Jakob nicht imstande war, den damals üblichen Brautpreis zu zahlen, hatte er seinem Schwiegervater lange Jahre als Hirte dienen müssen und dessen Herden gehütet. Das waren harte Zeiten gewesen. Rückblickend stellte er fest:
«Tagsüber litt ich unter der Hitze und nachts unter der Kälte, und oft fand ich keinen Schlaf». (31:40)
Doch dann hatte er eine grosse Familie gegründet. Er war aus Mesopotamien wieder zurück nach Kanaan zu seiner Verwandtschaft gezogen und liess sich vorerst in der Stadt Sichem im mittleren Palästina nieder.
«Vor der Stadt schlug er auf freiem Feld seine Zelte auf und kaufte das Grundstück für den Lagerplatz für 100 große Silberstücke von den Söhnen Hamors, des Gründers der Stadt». (33:18-19)
Dies sollte noch Folgen haben.

Der Hamor hatte die kleine Stadt Sichem (nicht viel mehr als ein Dutzend Steinhäuser) selbst gegründet und auch seinen Sohn nach ihr benannt.
Eines Tages verliess Jakobs Tochter namens Dina das Zeltlager, um einige Frauen in Sichem zu besuchen. Unterwegs wurde sie überfallen und vergewaltigt, ausgerechnet vom Sohn des Hamor, der dem Jakob das Grundstück als Lagerplatz verkauft hatte.

Dieser Sohn, der verwirrenderweise ebenfalls Sichem hiess wie die Stadt, war der Dina auf freiem Feld begegnet und hatte sich an ihr vergangen. Er muss ein sehr impulsiver und temperamentvoller, jedoch auch ein rücksichtsloser und gewalttätiger junger Mann gewesen sein, der seine überlegene Körperkraft nutzte, um Dina seinen Willen aufzuzwingen.
Wie alt mochte die Dina damals gewesen sein? Sie war noch unverheiratet. Man weiss, dass Mädchen damals im Orient sehr jung verheiratet wurden, schon mit zwölf, dreizehn Jahren. Der römische Kaiser Konstantin heiratete um das Jahr 300 ein zwölfjähriges Mädchen, was als durchaus normal empfunden wurde. Die Lieblingsfrau des Propheten Mohammed, Aisha, war gerade mal neun Jahre alt, als er sie heiratete. Noch heute werden in gewissen Ländern Afrikas und Asiens viele Mädchen *vor* dem achtzehnten Lebensjahr verheiratet. Auch bei uns waren frühe Heiraten lange die Regel. Der deutsche Feldmarschall Paul von Hindenburg (1847 bis 1934) verliebte sich als junger Mann sterblich in ein sechzehnjähriges Mädchen namens Irmengard, mit dem er sich verlobte und das er im gleichen Jahr heiraten wollte. Niemand fand das damals ungehörig. Leider starb Irmengard bald darauf an galoppierender Schwindsucht.
Kurz – die Dina muss also noch sehr jung gewesen sein. Sie hatte körperlich keine Chance, sich gegen den jungen Mann erfolgreich zu Wehr zu setzen. Sie war Jungfrau und erfuhr gleich beim ersten Mal männliche Gewalt und Rücksichtslosigkeit.

Sichem scheint sein Verhalten später immerhin leid zu tun. Warum hatte er das getan? fragte er sich. Das Bild dieses Mädchens verfolgte ihn, er hatte sich offenbar in Dina verliebt.
Er berichtete seinem Vater Hamor von dem Vorfall. Wie Hamor genau reagierte, erfahren wir nicht, es scheint aber, dass er nicht allzu viel dazu sagte. Er, ein pragmatischer Politiker und Stadtgründer, sieht sogleich die Lösung des Problems. Er werde jetzt mit den Eltern des Mädchens sprechen und sich für eine Heirat mit seinem Sohn einsetzen, sagte er ihm. Damit verhielt er sich so, wie es ein *späteres* Gesetz des Moses bestimmen sollte:
«Wenn ein Mann ein unberührtes Mädchen verführt, das noch nicht verlobt ist, muss er den Brautpreis bezahlen und sie heiraten». (2. Buch Mose 22:15)

Wir wissen nicht, wie Dina den Überfall seelisch verkraftete. Wir wissen auch nicht, ob sie diesen Mann hätte heiraten wollen. Man wird den Eindruck nicht los, dass der junge Sichem ein verwöhntes Bürschchen war. Immer hatte man seinen Wünschen nachgegeben, immer hatte er seine Forderungen

durchgesetzt. Jetzt sass er zu Hause und dachte an das Mädchen. Er wollte sie haben, diesmal jedoch freiwillig. Ob er ahnte, dass er etwas zerstört hatte? Wohl kaum. Er erwartete selbstverständlich, dass sie, falls die Heirat zustande käme, ohne weiteres zu ihm und mit ihm ziehen würde.
Das Vorkommnis hatte ihn selbst nicht allzu sehr belastet. Er hatte sich einfach verliebt und wollte das Mädchen, damit war für ihn klar, was zu tun war: er hatte mit seinem Vater gesprochen und der Vater würde nun die Heirat richten, damit wäre seine Tat getilgt, meinte er. War er erst mit ihr verheiratet, würde niemand mehr Fragen stellen und der Vorfall würde vergessen.

Dina ihrerseits war schnurstracks in Jakobs Zeltlager gerannt und hatte dort erzählt, was geschehen war. Sie war immerhin in der Lage, über den Vorfall zu sprechen, das ist schon viel. Andere schämen sich und schweigen.
Vater Jakob fühlte sich in seiner Ehre tief verletzt als er vernahm, dass seine Tochter Dina geschändet worden sei. Er wollte jedoch allein noch nichts unternehmen. Seine Söhne waren noch draussen bei den Herden, er wollte erst einmal ihre Rückkehr abwarten und sprach vorerst wenig.

Vater Hamor suchte inzwischen den Jakob auf, um die Angelegenheit mit ihm von Mann zu Mann zu regeln, er wollte ihm die Heirat von Dina mit seinem Sohn vorschlagen. Jakob hörte zu und schwieg. Als seine Söhne zurückkamen und erfuhren, was geschehen war, brausten sie auf. Wie? Ihre Schwester von einem Kanaaniter geschändet? Sie konnten es nicht fassen. Was war das für ein Land, in das sie da geraten waren?
Hamor versuchte in Jakobs Zeltlager verzweifelt, alle zu beschwichtigen. Er sagte: *«Hört doch, mein Sohn liebt eure Dina wirklich, nur leider ist er halt etwas impulsiv, aber er möchte das Mädchen heiraten unbedingt und damit müsste sich das Problem doch aus der Welt schaffen lassen, oder nicht?»*
«Warum sollen wir uns nicht miteinander verschwägern? Gebt uns eure Töchter, und heiratet ihr unsere Töchter! Unser Gebiet steht euch zur Verfügung. Werdet hier bei uns ansässig und tauscht eure Erzeugnisse gegen die unseren. Wenn ihr wollt, könnt ihr auch Grund und Boden erwerben». (1. Mose 34:9)
Auch der junge Sichem kam noch persönlich vorbei, versuchte sich zu entschuldigen und hoffte, Jakob werde seine Bitte um Heirat nicht abschlagen:
«Ihr könnt den Brautpreis und die Hochzeitsgabe für die Braut so hoch ansetzen, wie ihr wollt; ich zahle alles, wenn ich nur das Mädchen zur Frau bekomme». (34:12)

Jakob und seine Söhne hatten sich inzwischen miteinander, aber ohne den Sichem, abgesprochen und eine ganz andere Lösung für die Angelegenheit gefunden. Sie hatten einen ganz perfiden, heimtückischen Plan gefasst. Sie gaben Sichem und seinem Vater Hamor eine ausweichende Antwort und liessen die Angelegenheit noch offen. In Wirklichkeit planten sie, dem Sichem eine blutige Lehre zu erteilen. Deshalb sagten sie zu ihm: *«Wir können unsere Schwester nicht einem unbeschnittenen Mann geben; das geht gegen unsere Ehre. Wir werden auf eure Bitte nur eingehen, wenn ihr uns gleich werdet und alle männlichen Bewohner eurer Stadt sich beschneiden lassen. Dann geben wir euch unsere Töchter, und wir können eure Töchter heiraten; dann wollen wir bei euch bleiben und mit euch zusammen ein einziges Volk bilden.*
Wenn ihr darauf nicht eingeht, nehmen wir das Mädchen und ziehen weg». (34:14)
Hamor und sein Sohn gingen ohne Zögern und ohne Böses zu ahnen auf diesen ungewöhnlichen Vorschlag ein. Sichem nahm die Angelegenheit gleich selbst an die Hand, weil er sich schon am Ziel seiner Wünsche und mit dem Mädchen verheiratet sah. Er wollte nicht noch lange warten. Seine Familie war es gewohnt, auf ihn zu hören und liess sich überzeugen. Sichem ging mit seinem Vater Hamor zum Versammlungsplatz und beide trugen gemeinsam den Männern ihrer Stadt die Sache vor, indem sie zu ihnen sagten:
«Diese Leute kommen in friedlicher Absicht zu uns; lassen wir sie doch bei uns wohnen und ihren Geschäften nachgehen. Es ist Platz genug für sie im Land. Wir wollen uns durch gegenseitige Heirat mit ihnen verbinden.

Sie sind bereit, bei uns zu bleiben und sich mit uns zu einem einzigen Volk zu vereinen. Nur eine Bedingung stellen sie: dass alle männlichen Bewohner unserer Stadt beschnitten werden, so wie es bei ihnen Brauch ist. Wir wollen ihnen diese Bedingung erfüllen, dann werden sie unter uns wohnen und ihre Herden und ihr ganzer Besitz werden uns gehören»! (34:21-23)

Die Männer von Sichem willigten bestimmt ohne Begeisterung ein. Die Aussicht auf Jakobs Besitz, der ihnen dann gehören würde, hatte aber mögliche Einwände verstummen lassen. Es braucht wenig Fantasie, um sich das, was danach folgte, vorzustellen. Es gab keine sterilen Skalpelle, Anästhesie war gänzlich unbekannt. «operiert» wurde mit einem scharfen Stein *(siehe Buch Josua 5:2-3).*
Was Jakobs Söhne erwartet hatten, stellte sich auch prompt bei allen Operierten ein. Ihre Wunde infizierte sich, die Männer von Sichem lagen bald einmal im Wundfieber und konnten sich am dritten Tag kaum noch rühren. Das war Teil des perfiden Planes, den Jakobs Söhne ausgeheckt hatten. Zwei von ihnen, Simeon und Levi, waren dabei besonders motiviert, sie drangen mit ihren Helfern in das unbewachte Städtchen ein und erschlugen alle männlichen Bewohner, auch den Sichem selbst, seine Brüder und seinen Vater Hamor. Dann holten sie ihre Schwester Dina aus Sichems Haus (!) und nahmen sie mit.

Jakobs Söhne waren auf ihre Art genau so rücksichtslos und noch weit brutaler als der junge Sichem. Seine Tat war eine im Affekt begangen und nicht geplant. *Ihre* Tat hingegen war überlegt, raffiniert und hinterhältig. Drei Tage hatten sie Zeit gehabt, auf ihren Plan zurückzukommen, ihn zu ändern und zu sagen: Nein, so nicht!
Sie hatten es nicht getan. Und sie rächten sich sogar an Frauen und Kindern.
«Sie nahmen alle Schafe und Ziegen, Rinder, Esel und was sonst noch an Tieren in der Stadt und auf dem freien Feld war und raubten alles, was sie in den Häusern fanden. Auch die Frauen und Kinder schleppten sie als Beute weg». (34:28-29)

Diese Geschichte ist auch ein Beispiel dafür, auf welche Weise man damals neue Sklaven gewann. Sexuelle Gewalt hat es immer gegeben – als Einzelfälle oder als Massenvergewaltigungen. Letztere wurden und werden in Kriegen auch als Waffe, als Mittel zur Einschüchterung und Zerstörung der Moral des Feindes eingesetzt, so in neuster Zeit geschehen im Balkankrieg 1991, im syrischen Bürgerkrieg einige Jahre später und immer wieder von neuem in Afrika: beim Bürgerkrieg im Südsudan, in der Zentralafrikanischen Republik oder in Somalia und Nigeria. Ende der 1990er-Jahre wurde im Ostkongo das Panzi-Spital gegründet, in dem bis heute über 50‘000 Opfer von Vergewaltigungen behandelt wurden. Ganze Dorfgemeinschaften wurden so aus dem Gleichgewicht geworfen.

Es liessen sich auch genügend Beispiele von Einzelvergewaltigungen aus heutiger Zeit anführen, z.B. in Indien, aber auch bei uns. Wurden früher die Vergewaltigungs*opfer* in konservativen Gesellschaften geächtet, weil dort die Ehre einer Familie eng mit dem sexuellen Verhalten ihrer weiblichen Mitglieder verknüpft war, so ist dies in Mitteleuropa immerhin besser geworden. Bei uns verfällt heute *der Täter* der gesellschaftlichen Ächtung und nicht mehr das Opfer. Aber Mitteleuropa ist nur ein kleiner Teil der Welt und auch nicht mehr ihr Nabel. Es gibt auch heute noch sehr viele konservative Gesellschaften und fast überall sind Bestrebungen im Gange, solche neu zu schaffen. Dabei werden noch immer oder neu *die Opfer, nicht die Täter,* sozial stigmatisiert und aus der Familie ausgestossen.

7. Juda – oder die Tücken der Prostitution (1. Mose 38:6-26)

Die Familie wird von den einen hochgelobt, von andern gehasst. Sie ist ein Schauplatz menschlicher Gefühle, Wärme, Verirrungen und ein Romanthema für unzählige Autoren und Biografien, vom Altertum bis zum heutigen Tag.
Erzvater Jakob hatte, wie wir inzwischen gelesen haben, zwölf Söhne und eine nicht näher bezifferte Anzahl Töchter. Er war Gründer und Eigner einer Grossfamilie und durchlebte dabei Höhen und Tiefen. Einer seiner Söhne hiess Juda, von ihm handelt die folgende Erzählung:

Juda hatte drei Söhne und hatte mit diesen Söhnen, also mit Jakobs Enkeln, wenig Glück. Sein Erstgeborener hiess Ehr und starb früh, ohne Kinder zu hinterlassen. Seine Frau hiess Tamar. Man muss sich diesen Namen merken.
Der zweite Sohn hiess Onan, er starb früh und sein unerwarteter Tod wurde als Strafe Gottes für sein schändliches Tun gedeutet. Er hätte nach damaligem Rechtsempfinden die junge Witwe seines Bruders heiraten sollen, um ihr zu Kindern zu verhelfen. Aber er tat nur so als ob und starb.
Nun hatte Juda nur noch einen Sohn, den Sela, seinen Jüngsten. *Dieser* hätte jetzt nach der damaligen Tradition die junge Witwe namens Tamar heiraten sollen, um ihr wenn irgend möglich zu einem Kind und vor allem zu einem Sohn zu verhelfen. Aber Sela war noch sehr jung und Juda befürchtete nach dem Tod seiner ersten beiden Söhne weiteres Ungemach. Diese Tamar war ihm ohnehin nicht ganz geheuer und er wollte jetzt unter keinen Umständen auch noch seinen Jüngsten verlieren. Man kann das verstehen.

Juda schlägt daher der verwitweten Tamar vor, sie möge doch ins Zelt ihrer Eltern zurückkehren und dort warten, bis Sela alt genug sei, er werde sie dann bestimmt heiraten. Aber Juda dachte überhaupt nicht daran, sie dem Sela als Frau zu geben, aber er wird sich gesagt haben: Viele Probleme lösen sich von selbst, wenn man nur lange genug wartet.
Doch diesmal löste sich das Problem nicht von alleine. Es kam im Gegenteil noch eines hinzu: Judas' Frau starb. Nach seinen beiden Söhnen verlor er nun auch noch seine Frau.

Als die Trauerzeit um war, wollte Juda mit seinem Freund Hira in die Berge nach Thimna, um dort nach den Männern zu sehen, die seine Schafe schoren. So etwas sprach sich in Zelten rasch herum und so hörte auch Tamar im Zelt ihrer Eltern von Judas Absicht. Sie fasste einen dramatischen Plan. Sie hatte eingesehen, dass Juda nicht wirklich die Absicht hatte, sie mit Sela zu verheiraten und dass er nur Zeit gewinnen wollte. Sie legte deshalb ihre Witwenkleidung ab, verhüllte sich mit einem Schleier und setzte sich an die Strasse nach Thimna, an der Juda mit seinem Freund Hira vorbeikommen würde.

Juda kam, sah die verschleierte Frau am Wegrand sitzen und hielt sie für eine Prostituierte. Da er jetzt Witwer war, ging er zu ihr hin und sagte:
«Lass mich mit dir schlafen!»
«Was gibst du mir dafür?» antwortete die Frau, die seine Schwiegertochter war, die er aber wegen des Schleiers nicht erkennen konnte. *«Ich schicke dir ein Ziegenböcklein von meiner Herde».*
«Gut», sagte die Frau, «aber ich brauche noch ein Pfand von dir, damit ich weiss, dass du mir das Böcklein wirklich schickst».
«Was soll ich dir denn als Pfand geben»? fragte Juda.
«Deinen Siegelring und deinen geschnitzten Stock, den du in deiner Hand hälst».
Juda war einverstanden.
«Dann schlief er mit ihr und sie wurde schwanger». (38:18)

Prostitution wird gerne als das «älteste Gewerbe» der Welt bezeichnet. Was dieses Gewerbe kennzeichnet, wird in dieser Geschichte auf den kürzest möglichen Nenner gebracht:
«Lass mich mit dir schlafen!» sagte Juda.
Und die Frau antwortete: *«Was gibst du mir dafür?»*

Der weibliche Körper wird auf diese Weise zur Ware mit der man Handel treiben und Geld verdienen kann, solange eine Nachfrage besteht.
Die Selbstverständlichkeit, mit der Juda die Frau am Wegrand sogleich als Prostituierte deutet zeigt, dass dieses Gewerbe schon damals verbreitet und akzeptiert war. Die Prostitution ist uralt und es gibt sie bis heute. Sie durchlebte immer wieder andere Formen, von der Tempelprostitution über die Hetären des Altertums, die Kurtisanen der Neuzeit bis zu heutigen «Sexarbeiterinnen».

Ungewohnt und überraschend war der Umgang Jesu mit käuflichen Frauen, von denen die Evangelien berichten, war er doch Jude und die Prostitution galt im Judentum als Unzucht. Auch der Islam verurteilt die Prostitution und nennt sie Unzucht. In den meisten sunnitischen Ländern stehen darauf hundert Peitschenhiebe, eine Haft- oder gar die Todesstrafe. In schiitischen Ländern hat man den Umgang mit einer Prostituierten geschickt umgedeutet als eine *«zeitlich begrenzte Ehe»*. Schiitische Männer, die nicht über die Mittel oder den Willen verfügen, *«richtig»* zu heiraten, können für eine Stunde oder für länger eine *«Ehe mit vertraglich vorgeschriebenem Ende»* mit einer Frau eingehen, wobei ihr ein bestimmter *«Lohn»* dafür zusteht. Eine zeitlich begrenzte Ehe ist nach Schiitischer Interpretation von Sure 4:24 eine Lösung, die sich mit den folgenden Forderungen des Korans vereinen lässt:
«Und (verboten sind euch) die ehrbaren Frauen (al-muhsanaat mina n-nisaa'), außer was ihr (an Ehefrauen als Sklavinnen) besitzt. (Dies ist) euch von Allah vorgeschrieben. Was darüber hinausgeht, ist euch erlaubt, (nämlich) daß ihr euch als ehrbare Männer, nicht um Unzucht zu treiben, mit eurem Vermögen (sonstige Frauen zu verschaffen) sucht. Wenn ihr dann welche von ihnen (im ehelichen Verkehr) genossen habt, dann gebt ihnen ihren Lohn als Pflichtteil! Es liegt aber für euch keine Sünde darin, wenn ihr, nachdem der Pflichtteil festgelegt ist, (darüber hinausgehend) ein gegenseitiges Übereinkommen trefft. Allah weiß Bescheid und ist weise.»

Doch nun zurück zu Juda und Tamar. Der kleine Zwischenfall auf dem Weg nach Thimna hatte Folgen. Tamar ging erst mal zurück ins Zelt ihrer Eltern, zog ihre Witwenkleider wieder an und – ward schwanger.

Juda schickte nach seiner Rückkehr aus Timna seinen Freund Hira mit einem Ziegenböcklein, um die Frau zu suchen und sein Pfand auszulösen. Immerhin. Doch sein Freund fand die Frau nicht. Nachfragen im nächsten Dorf brachten kein Ergebnis, die Leute schüttelten den Kopf. Eine Prostituierte? Bei uns? Nein, kennen wir nicht.
Der Freund kehrte unverrichteter Dinge wieder zurück.
«Warst du erfolgreich?» fragte Juda.
«Nein. Alles umsonst. Ich habe im Dorf nachgefragt; niemand weiss etwas über eine Prostituierte.»
«Ach, dann mag sie doch meine Sachen behalten, es hat keinen Sinn, noch weiter nachzuforschen, sonst fällt das noch auf und die Leute beginnen über mich zu reden. Ich habe mein Versprechen einlösen wollen und du hast sie nicht gefunden. Ich habe getan, was ich konnte.» Einige Monate später erhielt Juda die überraschende Nachricht, Tamar, seine Schwiegertochter, die in den Zelten ihrer Eltern lebe, sei schwanger.
«Wie? Meine Schwiegertochter schwanger? Das ist undenkbar!»
«Doch, es ist so. Sie bestätigt es selbst.»
«So etwas! Das ist unglaublich! Hat sie Hurerei getrieben?»
«Bestimmt, woher sollte sie denn sonst schwanger geworden sein, ausgerechnet sie, die Unfruchtbare. Ihre Eltern sind verzweifelt».
«Meine Schwiegertochter Tamar eine Dirne? Ich fasse es nicht. Wie man sich doch in Menschen täuschen kann! Und ich wollte erst diese nichtsnutzige Frau meinem Sohn Sela geben, wie gut, dass ich das nicht getan habe! Das ist eine äusserst unangenehme Geschichte, die einen dunklen Schatten auf unsere Familienehre wirft. Holt diese Frau und führt sie vor das Dorf, sie muss gesteinigt und dann verbrannt werden. Wir können so etwas nicht in unserer Mitte dulden.
Los, holt sie her!»

Judas Reaktion überrascht in ihrer Heftigkeit. War nicht er selbst vor einigen Monaten bei einer vermeintlichen Prostituierten gewesen? Hatte er diese Begegnung nicht als etwas ganz Selbstverständliches angesehen? Etwas beunruhigt hatte ihn damals nur, dass man diese vermeintliche Prostituierte nicht mehr fand und er seinen Stock und den Ring nicht einlösen konnte. Die Angelegenheit selbst hatte ihn aber nicht weiter beschäftigt. Und jetzt: diese Reaktion! Dieses helle Entsetzen! Jetzt ging es plötzlich um Familienehre und um Leben und Tod.

Man holte die Tamar. Ein grosser Teil der Bewohner des Dorfes folgte ihr. Tamar schien sehr ruhig, sie wehrte sich nicht, sie schrie auch nicht, sie sprach überhaupt kein Wort. Viele Gaffer hatten sich angesammelt und sich dem Zug angeschlossen. Ein allgemeines Gemurmel hatte eingesetzt, aber niemand sprach ein gutes Wort zu ihr.
Tamar wurde zum Dorf hinaus gestossen. Der Zug lief jetzt auf der selben Strasse, an der Tamar Monate zuvor verschleiert gesessen hatte. Genau an jener Stelle blieb Tamar plötzlich stehen. Die Menge wunderte sich, murrte und starrte sie an. Alles drängte sich um sie. Man verstand diese Frau nicht. Warum schrie sie nicht? Weshalb wirkte sie so gelassen?

Tamar nahm aus ihrer weiten Kleidung einen Stock und einen Siegelring hervor, hielt beides in die Höhe, damit alle sie sehen konnten und gab sie dann einem der Männer, die sie führten, mit den Worten: «Da!», sagte sie, «bringt dies dem Juda und richtet ihm einen Gruss aus von mir, er solle doch diesen Ring und diesen Stock einmal genauer ansehen».
Man verstand jetzt noch weniger. Eine seltsame Frau war das. Einige trugen schon Steine in ihren Händen. Was sollte jetzt diese Verzögerung?
Man brachte die Sachen dem Juda und vergass auch den Gruss nicht.
Juda sah sich Ring und Stock genauer an, sein Blick wurde starr, sein Gesicht lief rot an und kleine Schweissperlen bildeten sich auf seiner Stirn. Die Menge war plötzlich still geworden. Juda schwieg lange, während alle um ihn herum gebannt auf ihn, auf den Stock und den Ring blickten.

Dann sprach Jakob laut:
«Dies ist mein Ring und mein Stock. Ich habe einen Fehler gemacht. Ich hätte Tamar meinem Sohn Sela zur Frau geben müssen. Nun hat sie meine Schwäche genutzt und ich kann ihr keinen Vorwurf daraus machen. Lasst sie los, sie soll mit mir gehen. Sie kann in meinem Haus wohnen und dort ihr Kind gebären. Ich werde sie jedoch nicht mehr anrühren».
Man verstand noch immer nicht.
Was hatte er da gesagt? Von welcher Schwäche sprach er?
Ach, Sie meinen, *er hätte...?*

Erstaunlich, dass meines Wissens kein Schriftsteller diese Geschichte aufgenommen hat. Das hätte einen grossartigen Stoff für eine (weitere) antike Tragödie gegeben:
Die Geschichte einer jungen Witwe, die von allen hintergangen wird, zuerst von Onan, der nur so tat als ob. Dann von Onans Vater Juda, der ihr seinen Jüngsten vorenthielt und dann, als Witwer, seine eigene Schwiegertochter als Prostituierte ansprach, sie nicht erkannte. Wozu hätte er sie denn genauer ansehen sollen?
Und Tamar, die Frau die bisher unfruchtbar war, dann von ihrem Schwiegervater schwanger wurde und erst noch schwanger mit Zwillingen, zwei Söhnen. Die Geburt war nicht einfach, nicht umsonst nannte sie den einen Sohn Perez, d.h. Riss.

Man fühlt sich bei dieser Geschichte an den Film «Zorbas, der Grieche», aus dem Jahr 1964 erinnert. In diesem Film gab es eine besonders eindrückliche, dramatische Szene, ganz ähnlich der eben beschriebenen. Auch da wollte man eine Frau umbringen, der man einen sexuellen Fehltritt vorwarf. Eine beklemmende Szene.

Im Johannes-Evangelium findet sich eine weitere solche Geschichte von einer Ehebrecherin die man beim Ehebruch ertappt hatte und die man nach dem Gesetz des Mose steinigen wollte:
«Wenn jemand ertappt wird, daß er bei einer verheirateten Frau liegt, so sollen beide sterben, der Mann, der bei dem Weibe gelegen, und das Weib. Also sollst du das Böse von Israel ausrotten.»
(5. Mose 22:22)

Im eben angeführten Fall des Juda sprach jedoch niemand vom Mann.

So mancher Mann ist den gleichen Weg wie Juda gegangen, ging auch «nach Thimna», d.h. zu einer Prostituierten, und verdrängte dann die Erinnerung daran. Allein er weiss davon. Es wäre ihm überaus unangenehm, wenn andere davon wüssten, obschon man dies im Allgemeinen entschuldbar findet. So etwas, denkt man, kommt in den besten Kreisen vor, vielleicht dort sogar häufiger als anderswo. Man nennt dies Doppelmoral, wenn ein gleiches Verhalten ganz unterschiedlich bewertet wird, je nachdem, welcher Personengruppe die ausführende Person oder die betroffenen Personen angehören.
Ja, wenn man von Allen alles wüsste...

Ein glänzend geschriebenes Beispiel einer solchen Doppelmoral findet sich in Heinrich Manns Roman «Professor Unrat oder das Ende eines Tyrannen», der unter dem Titel «Der blaue Engel» mit Marlene Dietrich und Emil Jannings 1930 verfilmt wurde und auch heute noch auf verschiedenen deutschsprachigen Bühnen gespielt wird. Ausgerechnet «Männer mit Vergangenheit» empören sich häufig mit besonderem Nachdruck, wenn sie von andern ähnliches hören, ganz so wie dies der Juda tat. Sie verurteilen sie mit Überzeugung und sagen dann etwa: «Wie konnte der nur so etwas tun!»
Man muss schon sehr genau hinsehen, um festzustellen, dass beim einen oder andern der Empörten Siegelring und Stock fehlen.

8. Die Beschneidung – ein Dauerthema (1. Mose 17:10-14, 24)

Wie war es möglich, dass der Verlust von einem kleinen Stück Haut am männlichen Geschlechtsorgan zu einem so bedeutenden religiösen Ritual wurde, das so viele Jahrhunderte überdauerte? Sogar heute sind rund ein Viertel aller lebenden Männer auf der Welt beschnitten, der überwiegende Teil aus religiösen Gründen.
Wie kam es dazu?

Abraham war wie schon erwähnt ein Nomade aus Ur in Chaldäa, dem heutigen Irak. Dieser Mann, so die Bibel, sei von Gott ausgewählt, erwählt worden, um mit ihm eine Vereinbarung, einen Bund zu schliessen.
Warum Gott gerade diesen Mann auswählte, erfahren wir nicht. Von Noah, den Gott nach der Noahgeschichte zusammen mit seiner Familie ebenfalls auswählte, um mit ihm nach der Sintflut eine neue Menschheit zu begründen, von ihm heisst es, er sei im Gegensatz zu seinen Zeitgenossen:
«ein rechtschaffener, durch und durch redlicher Mann» gewesen, der «in enger Verbindung mit Gott lebte». (6:9)
Noahs Auszeichnung wird also mit seinem vorbildlichen Verhalten begründet, aber einen ähnlichen Nachweis für Abrahams besonderen Charakter gibt es nicht. Sein Verhalten, als seine Frau ihre Sklavin Hagar loswerden wollte, ist nach unserem Empfinden keineswegs vorbildlich, und auch sonst weiss man nicht allzu viel Positives über ihn zu berichten, ausser seiner Bereitschaft, seinen Sohn Isaak zu opfern – eine schwierige Geschichte.

Abrahams Vater Terah zog mit ihm und seiner Sippe Richtung Palästina, das man damals Kanaan nannte. Dort Gott versprach Gott dem Abraham, er werde aus ihm ein grosses Volk machen, das so zahlreich werden solle wie die Sterne am Himmel; er wolle ihn segnen und bedingungslos zu ihm stehen:
«Alle, die dir und deinen Nachkommen Gutes wünschen, haben auch von mir Gutes zu erwarten. Aber wenn jemand euch Böses wünscht, bringe ich Unglück über ihn. Alle Völker der Erde werden Glück und Segen erlangen, wenn sie dir und deinen Nachkommen wohl gesonnen sind». (12:3)

Gott wollte dem Abraham und seinen Nachkommen ein Land schenken, denn ein Volk braucht Lebensraum. Dass dieses Land schon von andern Völkern bewohnt war, scheint für die Verfasser der Abrahams-Geschichte kein Problem zu sein, im Buche Josua kann man nachlesen, auf welche Weise das Land erobert wurde.
Abraham durchzog also das Land Kanaan von Norden nach Süden und in hohem Alter wurde ihm endlich ein Sohn geboren: Isaak, der Anfang des versprochenen Volkes. Doch woran sollte erkennbar sein, wer diesem Volk angehörte?

Personalausweise gab es damals keine und Ausweise lassen sich auch fälschen. Es sollte ein *körperliches* Merkmal sein, eines, das man nicht rückgängig machen kann, etwas Ähnliches wie eine Tätowierung, ein eindeutiges und nicht mehr löschbares Zeichen. Da die Verheissung in erster Linie Männern galt (Gott spricht beim brennenden Dornbusch von Männern: *«Ich bin der Gott Abrahams, Isaaks und Jakobs»)* sollte dieses Merkmal auch ein spezifisch männliches sein. Gott befiehlt daher dem Abraham: *«Jeder von euch, der männlichen Geschlechts ist, muss beschnitten werden. Ihr müsst bei allen die Vorhaut am Geschlechtsteil entfernen. Dies soll das Zeichen dafür sein, dass ich meinen Bund mit euch geschlossen habe.*
An jedem männlichen Neugeborenen muss am achten Tag diese Beschneidung vollzogen werden. Das gilt auch für die Sklaven, die bei euch geboren werden oder die ihr von Fremden kauft; auch sie müssen unbedingt beschnitten werden. Ihr alle sollt das Zeichen meines Bundes an eurem Körper tragen. Das ist eine Bestimmung für alle Zeiten, so gewiss mein Bund für alle Zeiten gilt.
Wer von euch nicht beschnitten ist, hat sein Leben verwirkt und muss aus dem Volk ausgestoßen werden, denn er hat meinen Bund gebrochen». (17:10-14)

Seither wird die Beschneidung im Judentum als Eintritt in diesen Bund mit Gott angesehen und hat von daher eine immense religiöse Bedeutung. Es besteht jedoch Grund zur Annahme dass die Beschneidung *noch älter* ist als das Judentum.

Die Beschneidung (hebräisch: Brit Mila) findet im Judentum am achten Lebenstag eines Knaben statt – auch wenn dieser Tag ein Sabbat ist, oder gar am Jom Kippur, dem höchsten Fest der Juden. Das Gebot zur Beschneidung sei das wichtigste aller Gebote, sagen Rabbiner und erklären im Talmud, einem ausführlichen Kommentar zur Tora (den fünf Büchern Mose), dass die Beschneidung Vorrang vor allen anderen Geboten der Tora habe, daher sei keine Ausnahme erlaubt. Nur wenn der Säugling zu schwach oder kränklich sei, könne sie verschoben werden und müsse dann am achten Tag nach seiner Gesundung durchgeführt werden.
Die Brit Mila erfolgt zusammen mit verschiedenen jüdischen Segenssprüchen und ist nur in Verbindung mit diesen gültig. Auch jeder männliche Konvertit muss sich vor dem Übertritt zum Judentum beschneiden lassen, dies ist auch im liberalen Judentum so. Die Mila wird von einem *Mohel* durchgeführt, d. h. einem für Beschneidungen speziell ausgebildeten Fachmann. Im Allgemeinen ist dies ein Arzt; es gibt aber auch *Mohalim,* die keine Ärzte sind. Ihre Ausbildung dauert mehrere Jahre.
In der jüdischen Geschichte war die *Brit Mila* einer der jüdischen Bräuche, die am konsequentesten verfolgt wurden. Unter nichtjüdischer Herrschaft stand auf das Beschneiden von Knaben oft sogar die Todesstrafe, unter anderem darum, weil sie in der antijüdischen Polemik mit einer Kastration gleichgesetzt wurde. Das Verbot war eine der Methoden, um jüdisches Brauchtum zu unterdrücken in der Hoffnung, dass Juden dann die Weltanschauung ihrer Umwelt, d. h. der Römer, der Christen oder des Kommunismus, eher annehmen würden. Unter dem Sowjetregime wurden die meisten jüdischen Knaben aus Angst vor den politischen Folgen *nicht beschnitten!*

Bemerkenswert ist, dass die Beschneidung auch *im Islam* bis zum heutigen Tag eine so bedeutende Rolle spielt. Der Prophet Mohammed soll laut einer Überlieferung ohne oder zumindest mit einer sehr kurzen Vorhaut zur Welt gekommen sein. Dass so etwas überhaupt erwähnt wird, weist schon auf die spätere Bedeutung der Beschneidung hin. Dem bereits vorislamischen Brauch auf der arabischen Halbinsel entsprechend, wird die Beschneidung bis heute bei Muslimen als ein Zeichen der Religionszugehörigkeit angesehen und im Kindesalter bis zum Alter von dreizehn Jahren durchgeführt. Meist ist dieses Ereignis Anlass zu einem großen Familienfest.
Die Beschneidung wird zwar im Koran nicht direkt erwähnt, sie ist aber ausdrücklich in der *Sunna* beschrieben (schriftlich niedergelegte, dem Propheten gemässe Verhaltens- und Lebensweise) und wird heute meist als integraler Bestandteil des Islams angesehen, da sie für die rituelle Reinheit unverzichtbar sei. Die Gültigkeit ritueller Handlungen, wie etwa des fünfmaligen Betens am Tag, hänge auch von der rituellen Reinheit des Betenden ab. Die islamischen Rechtsschulen haben die männliche Beschneidung deshalb zur Pflicht für Muslime erklärt.

All dies erstaunt, und zwar sowohl was die *Verbreitung* der Beschneidung angeht aber vor allem in ihrer *religiösen Bedeutung.* Was beim Lesen von Kapitel siebzehn im ersten Buch Mose eher befremdend anmuten mag hatte eine geradezu unglaubliche Breitenwirkung und hat sie auch weiterhin. Der Ursprung der Beschneidung ist weitgehend ungeklärt. Es ist kaum wahrscheinlich, dass dieser Brauch erstmals mit Abraham entstand. Man vermutet viel eher, dass sein Ursprung noch älter und eher hygienischer Art sei. Die älteste bekannte Darstellung einer Beschneidung ist ein ägyptisches Relief aus dem Jahr 2420 vor unserer Zeitrechnung.

Die Lebensräume, in denen die Beschneidung zum ersten Mal auftaucht sind die Steppe und die Wüste. Wasser ist dort knapp, Sand und Staub hingegen allgegenwärtig. Hygiene, insbesondere der Geschlechtsorgane, ist unter solchen Umständen nicht einfach. Die Nomaden Nord- und Ostafrikas sowie Australiens und deren Nachfolgereligionen sind nebst dem Judentum und dem Islam auch heute noch die Träger einer religiös begründeten Beschneidung.

Es ist wahrscheinlich, dass am Ursprung der Beschneidung «medizinisch-hygienische» Gründe lagen, um Entzündungen der Harnwege oder der Geschlechtsorgane vorzubeugen. Angezeigt war sie auch bei einer Verengung der Vorhaut. Später erhielt sie dann als *religiöse Vorschrift* allgemeine Gültigkeit.

Dass Muslime sich vor dem Gebet und dem Besuch einer Moschee Hände, Gesicht und Füsse waschen, ist ebenfalls eine religiöse Vorschrift, die positive Auswirkungen auf die persönliche *Hygiene* hatte und weiterhin hat. So gibt es auch für eine Beschneidung *medizinische, kulturelle und religiöse* Gründe, die sich gesundheitlich positiv ausgewirkt haben.
Es gibt aber auch sexualfeindliche Gründe.

Der grosse Rabbi Moses Maimonides hat im Mittelalter als Grund für die Beschneidung etwas anderes genannt: Die Geschlechtsorgane sollten dadurch so verletzt und geschwächt werden, dass sie zwar noch funktionieren, aber keine «überschüssige» Lust mehr zulassen würden. Die Geschlechtsorgane selbst bedürften keiner Perfektionierung, es gehe nicht um die Korrektur eines angeborenen körperlichen, sondern eines moralischen Makels.
Eine moralische Begründung für die Beschneidung wurde auch im 18. Jahrhundert in Europa wieder entdeckt. So empfahl der Schweizer Arzt Simon Auguste André Tissot (1728–1797) die Beschneidung von Jungen und Mädchen als Kur für Masturbation, die er als Ursache für jugendliche Rebellion und Krankheiten wie Epilepsie, Erweichung von Körper und Geist, Hysterie und Neurosen ansah *(«Versuch von Krankheiten, die welche aus der Selbstbefleckung entstehen»* in seinem Buch *«De l'onanie»,* erschienen 1760). Das Buch wurde bis 1905 immer wieder neu aufgelegt. Galt die Onanie bis dahin eher als lässliche Sünde, so verstand sie Tissot jetzt neu als Krankheit und als *krankmachend,* als schweren *Verstoss* gegen die Natur und gegen die Manneszucht. Impotenz, Tuberkulose, Schwermut und Gehirnerweichung seien ihre schlimmen Folgen. Im viktorianischen England fand die Beschneidung vor allem bei der Oberklasse breite Zustimmung um die Knaben zu keuscherem Verhalten zu zwingen.
Durch das britische Imperium (Commonwealth) verbreitete sich die Beschneidung schließlich auch in Ländern wie den USA, Kanada, Australien, Neuseeland, Südafrika und Indien.

Die Beschneidung schien im zwanzigsten Jahrhundert kein Thema mehr zu sein, bis eine Studie aus den fünfziger Jahren das Vorkommen von Zervixkarzinomen (Krebs des Gebärmutterhalses) bei den Frauen von jüdischen, beschnittenen Männern mit dem Vorkommen bei Frauen von nichtjüdischen, nicht beschnittenen Männern verglich. Man stellte dabei fest, dass Frauen von beschnittenen jüdischen Männern *statistisch* deutlich seltener an Gebärmutterhalskrebs litten.
Diese Studie wurde zwar später wieder in Frage gestellt, aber dann entdeckte eine andere Studie eine geringere Ansteckungsgefahr mit Aids bei beschnittenen Männern und ungeschütztem Sex. Die WHO empfiehlt daher seit März 2007 ihren Mitgliedsstaaten, Beschneidung als Element in die nationalen Anti-Aids-Strategien aufzunehmen.

Enthielt die Forderung an Abraham also eine für die damalige Zeit weise Erkenntnis und wirkte sie als Schutz vor Erkrankung?
«Jeder von euch, der männlichen Geschlechts ist, muss beschnitten werden. Ihr alle sollt das Zeichen meines Bundes an eurem Körper tragen. Das ist eine Bestimmung für alle Zeiten, so gewiss mein Bund für alle Zeiten gilt». (17:11 ff)

Wenn man allerdings bedenkt, mit welchen Instrumenten und unter welch unhygienischen Bedingungen zur Zeit Abrahams eine Beschneidung durchgeführt wurde, kann man einen Schauder kaum unterdrücken und man beginnt an einer gesundheitlichen Wirksamkeit zu zweifeln. Das Buch Josua berichtet Einzelheiten vom damaligen Vorgehen:
«Damals sagte der Herr zu Josua: » Mach dir Messer aus Stein und beschneide alles, was männlich ist, in Israel!« Josua machte sich Steinmesser und beschnitt die männlichen Israeliten an einem Platz, der seitdem Beschneidungshügel heißt». (Josua 5:2-3)

Bei den Xhosa, den Ndebele und anderen Bevölkerungsgruppen in Südafrika gilt noch heute nur ein beschnittener Mann als wirklicher Mann. Innerhalb eines dreiwöchigen Initiationsritus werden Jünglinge beschnitten, oft unter Missachtung der einfachsten hygienischen Regeln und ohne Betäubung. Der Eingriff hat einigen den Verlust des Genitals gekostet und andern gar das Leben. (Tages Anzeiger vom 14.08.2013)

Das Thema hat also nicht an Aktualität verloren und der Streit um seine medizinische Bedeutung ist noch immer nicht eindeutig beigelegt:
Gegner betrachten sie als Körperverletzung. *Befürworter* führen nebst hygienischen Gründen auch eine verlängerte Erektionsdauer durch die Herabsetzung der Empfindlichkeit der Eichel ins Feld. Die Gegner wiederum monieren, dass es in vielen Fällen wegen der Kleidung zu dauerhaften Reizungszuständen durch die freiliegende Eichel kommen könne. Hinzu kommt, dass ein Kind, kaum auf der Welt, schon einer kleinen, aber früher keineswegs schmerzfreien Operation unterzogen wird. Eine therapeutische *Notwendigkeit,* die Vorhaut zu entfernen, wird inzwischen in den meisten Ländern mit hohem medizinischem und hygienischem Standard *bestritten.*
Etwas weniger ins Gewicht fallen dürfte die Frage nach der Ästethik. Sie ist jedoch keineswegs bedeutungslos. Altgriechische und römische Plastiken zeigen ausnahmslos unbeschnittene Männer und Jünglinge. Auch Michelangelos David und andere Darstellungen nackter männlicher Körper zeigen den Penis in seinem Urzustand. Kaum je erwähnt wird, dass zwangsläufig ein beschnittener Penis etwas kleiner wirkt als ein nicht beschnittener. Man schneidet *etwas weg.* Wenn man bedenkt, wie erfolgreich Tabletten und Salben verkauft werden, die eine Vergrösserung des Penis bewirken sollen, dann müsste auch dieses Argument ernst genommen werden.

Im frühen Christentum sprach sich vor allem der Apostel Paulus, der selbst ein beschnittener Jude war, überraschend deutlich *gegen eine Pflicht* zur Beschneidung für die neu bekehrten Heidenchristen aus. Wer Christ wurde, musste also nicht erst beschnitten werden, um als Christ zu gelten. Entscheidend war für den Apostel nicht eine körperliche Beschneidung, sondern die bereits im Judentum zunehmend betonte «Beschneidung des Herzens», d.h. die innere Einstellung, der demütige Glaube. Wer meine, durch körperliche Beschneidung Gott näher zu kommen, befinde sich auf einem Irrweg, schrieb Paulus in seinem Brief an die Christen in Rom.

Mit dem Ende des antiken Judenchristentums (zum Christentum bekehrte Juden) als eigener Strömung verschwand die Beschneidung im Christentum zunächst fast ganz, außer bei einigen orientalischen und afrikanischen Völkern, die eine Beschneidung aus ihrem vorchristlichen Glauben übernommen hatten und bis heute beibehielten.

Zur Klarstellung: Von einer Beschneidung von Frauen und Mädchen (der Begriff «Verstümmelung» wäre hier angebrachter) ist weder in der Bibel noch im Koran je die Rede. Die Ursprünge der Beschneidung weiblicher Genitalien konnten weder zeitlich noch geographisch eindeutig bestimmt werden. Es wird davon ausgegangen, dass sich die Beschneidung vom antiken Ägypten aus über den afrikanischen Kontinent verbreitet hat. Sie ist auch heute noch in vielen Staaten verbreitet. Hauptverbreitungsgebiete sind 28 Staaten im westlichen und nordöstlichen Afrika. In sieben Ländern – in Dschibuti, Ägypten, Guinea, Mali, Sierra Leone, Somalia und im Norden des Sudan – ist die Praxis fast flächendeckend verbreitet. *(Quelle: Internet)*

9. Onan hat nicht die Onanie erfunden (1. Mose 38:1 ff)

Die Geschichte beginnt mit einer kinderlosen Frau namens Tamar und ihrem vor 4000 Jahren überaus harten Schicksal.

Es gab damals für den Ehemann einer unfruchtbaren Frau folgende Möglichkeiten:

- er konnte sich von dieser Frau scheiden und konnte eine andere Frau heiraten.
  Das war für einen Mann denkbar einfach, dazu genügte ein Scheidebrief, den er der Frau mitgab und der seine Absicht enthielt. Eine Scheidung hatte jedoch für die Frau im Altertum dramatische Konsequenzen. Sie verlor als Geschiedene beides: ihr Ansehen und ihre materielle Lebensgrundlage. Während es dem Mann leicht fiel, eine neue Frau zu finden, wollte verständlicherweise niemand eine Frau heiraten, von der man im vornherein wusste oder zu wissen meinte, dass sie unfruchtbar sei.

- ein Mann konnte zur kinderlosen Frau noch eine oder mehrere Frauen hinzu heiraten. Auch das war für einen Mann einfach. Von einer solchen Mehrehe haben wir schon mehrere biblische Beispiele kennen gelernt.

Es gab als dritte Möglichkeit auch noch die sogenannte Leviratsehe (Schwagerehe). Die war etwas komplizierter. Eine Witwe ohne Kinder besass damals im Kampf ums Überleben die allerschlechtesten Karten, sie war ohne Schutz und Hilfe; es sei denn, ihre Eltern lebten noch und waren bereit, sie bei sich aufzunehmen. (Zum Beispiel die Witwe Tamar: *«Tamar ging erst mal zurück ins Zelt ihrer Eltern». (38:11)*
Für junge Witwen hatte man in der damaligen Gesellschaft folgende Lösung gefunden: einen Ausweg, der für uns auf den ersten Blick seltsam scheinen mag: die so genannte *Schwagerehe oder Leviratsehe* (vom altlateinischen levir – Schwager).
Nach dem (meist frühen) Tod ihres Ehemannes hatte eine junge Witwe keine Möglichkeit mehr, Kinder zu bekommen, ausser in einer neuen Ehe. Eine solche war sehr unwahrscheinlich, denn wie erwähnt hätte damals kein Mann eine Frau heiraten wollen, die in ihrer ersten Ehe kinderlos geblieben war. Dass auch Männer unfruchtbar sein können, wusste man noch nicht, man gab bei ausbleibendem Kindersegen allein der Frau die Schuld. Man hatte gesät und nichts war gewachsen.

War eine Frau verwitwet und ohne Kinder, so blieben für sie drei bittere Auswege: das Betteln, die Prostitution oder der Hunger; alles für sie demütigende und belastende Lösungen. Hält man sich dies vor Augen, dann versteht man die erwähnte Schwagerehe etwas besser. Sie wurde viel später sogar in die Gesetzessammlung des Moses aufgenommen, sie scheint sich also bewährt zu haben. Die Schwagerehe verlief wie folgt (Zitat aus 5. Mose 25:5 – 10):

«Wenn zwei Brüder auf demselben Grundbesitz wohnen und einer von ihnen stirbt, ohne einen Sohn zu hinterlassen, dann soll seine Witwe keinen Mann außerhalb der Familie heiraten. Der Bruder des Verstorbenen hat die Pflicht, sie zur Frau zu nehmen. Der erste Sohn, den sie dann zur Welt bringt, gilt als Nachkomme des verstorbenen Bruders, damit dessen Name in Israel erhalten bleibt.
Will der Mann jedoch seine Schwägerin nicht heiraten, so soll sie zum Versammlungsplatz am Stadttor gehen und zu den Ältesten sagen: »Mein Schwager lehnt es ab, mich zur Frau zu nehmen und den Namen seines verstorbenen Bruders in Israel zu erhalten.»
Dann sollen die Ältesten ihn rufen lassen und ihn zur Rede stellen. Wenn er auf seiner Weigerung beharrt, soll seine Schwägerin in Gegenwart der Ältesten zu ihm hingehen, ihm einen Schuh ausziehen, ihm ins Gesicht spucken und sagen: «So verfährt man mit jedem, der sich weigert, die Familie seines Bruders zu erhalten!»
Seine eigene Familie aber wird man in ganz Israel nur noch «die Barfüßer» nennen».

Die Vorschrift war klar.

Das Wort *«Pflicht»* müsste darin besonders betont werden. Hatte der Verstorbene Brüder gehabt, so hatte einer von diesen die *Pflicht,* der (noch jungen) Witwe zu Kindern und wenn möglich zu einem Sohn, zu verhelfen; ganz gleich, ob dieser Bruder noch ledig oder schon verheiratet war. Es ging dabei um zwei wichtige Faktoren: um das Überleben dieser Witwe und um das Überleben der Linie des verstorbenen Bruders.
Der Bruder oder die Brüder des Verstorbenen hatten die gleichen Eltern, warum also sollte nicht einer von ihnen versuchen, seiner Schwägerin zu Kindern zu verhelfen, so dachte man. Gelang ihm das, so würde der erste Sohn rechtlich als Kind des Verstorbenen und nicht als Kind seines Bruders gelten. Der Witwe war dann geholfen, der Name des Toten geehrt und im Sohn weiter lebendig.
Doch die Angelegenheit hatte einen Haken.
Der Bruder des Verstorbenen würde einen Sohn zeugen, der nicht *sein* Sohn sein würde, sondern der den Namen des *toten Bruders* tragen würde. Offenbar genügte dies, um vielen die Lust an dieser Lösung zu nehmen. Vielleicht passte ihnen auch die Schwägerin auch sonst aus irgendeinem Grund nicht. In diesem Fall zog manch einer die kurze Schande einer langen Ehe vor. Er liess sich lieber öffentlich von seiner Schwägerin anspucken und «Barfüsser» nennen, als sie zu heiraten.

Nun erst können wir uns der Geschichte Onans zuwenden, die ohne die oben beschriebenen Vorkenntnisse zu einem tragischen Irrtum führen kann und auch geführt hat.

Onan war ein *Enkel* des Erzvaters Jakob.
Als einer der Brüder Onans stirbt, fordert ihn sein Vater Juda auf, die *Pflichtehe* mit dessen Witwe Tamar einzugehen. Aber Onan sträubt sich, er will nicht. Er mag sich jedoch auch nicht der öffentlichen Verachtung aussetzen und erfindet darum einen schlimmen Ausweg. Er tut zum Schein das was man von ihm erwartet, heiratet die Schwägerin, praktiziert jedoch einen «Coitus interruptus» oder auf deutsch: einen unterbrochenen (eigentlich abgebrochenen) Geschlechtsverkehr.
«Onan war es klar, dass das Kind nicht ihm gehören würde. Deshalb ließ er jedes Mal, wenn er mit Tamar schlief, seinen Samen auf die Erde fallen, um seinem Bruder keine Nachkommen zu verschaffen». (38:9)

Was nach unserem Empfinden eher trivial aussehen mag, war in Wirklichkeit eine gemeine Sache. Onan verweigerte auf diese Weise seiner Schwägerin und jetzigen Ehefrau jene Lebenserfüllung, auf die sie so sehr angewiesen war. Onans Geschichte endet entsprechend tragisch:
«Das missfiel dem Herrn und er ließ auch Onan sterben». (38:10)

Onans Geschichte hatte jedoch ungeahnte Folgen für die *christliche Moral.* Wieder einmal liess man das geschichtliche Umfeld, in dem sich Onans Tun abspielte, völlig ausser Acht und zog aus der Geschichte folgende Schlüsse:

1. Ein Geschlechtsverkehr, der *nicht* der Zeugung dient, oder eine Zeugung auf irgendeine Weise *verhindert,* werde von Gott verurteilt. (siehe die römisch-katholische Morallehre...)

2. Die Selbstbefriedigung, die man jetzt nach Onan «Onanie» nannte, sei eine unverantwortliche *Verschleuderung* von menschlichem Samen und daher eine *schwere* Sünde.

3. Sexuelle Sünden würden von Gott *besonders hart* bestraft (das Beispiel: *er liess Onan sterben...*)

Onan wurde zum Vater der Selbstbefriedigung gemacht, diese mit Schuldgefühlen beladen und als Selbst*befleckung* bezeichnet. Das Beispiel von Onan zeige deutlich wohin eine solche Verschleuderung von menschlichem Samen führe.

Zur Klärung:
Die *gesamte* Fortpflanzung in der Pflanzenwelt, in der Tierwelt und beim Menschen stellt eine ungeheure Verschwendung von Samen aller Art dar. Man denke an die zahllosen Samen, die im Frühjahr vom Wind irgendwohin getragen werden und die wir beim darüber laufen hundertfach zertreten: Eicheln, Buchennüsse, Löwenzahn, Hasel- und Birkensamen, etc. etc.

Verschwendung ist in der Natur überall vorgegeben. Samenverschwendung durch Onanie kann darum keine moralische Sünde gegen Gott sein, weil Verschwendung *an sich* schon untrennbar mit der Fortpflanzung verbunden ist, sei es nun bei Pflanzen, Tieren oder Menschen. In einer einzigen Ejakulation stösst ein Mann 2–6 Milliliter Samenflüssigkeit aus, die Millionen Samenfäden enthalten. Im Laufe eines Menschenlebens produziert der Körper eines Mannes Milliarden von Samenfäden. Davon führen im Schnitt kaum zwei zu einer Befruchtung, weil bei uns Ehepaare statistisch gesehen in ihrem Eheleben nur 1,4 Kinder haben.

Wir haben mit Onan und seiner Geschichte ein geradezu klassisches Beispiel dafür, wie verheerend sich *oberflächlich* gelesene und dadurch *missverstandene* Bibeltexte auswirken können. Generationen von Männern und insbesondere von Jugendlichen haben unter diesem Missverständnis gelitten (siehe auch das Kapital über Die Beschneidung).

Es ist gilt darum festzuhalten:
Onans Geschichte hat *mit Selbstbefriedigung nichts zu tun.* Seine Sünde, die *«Gott missfiel»* war nicht, was wir als Onanie bezeichnen, sondern was er tat, war ein Verstoss gegen das Gebot der *simplen Nächstenliebe.* Er überliess seine ehemalige Schwägerin und nunmehrige Ehefrau ihrem kinderlosen und damit harten Schicksal. Er tat so als ob; er praktizierte eine Scheinehe, um vor seiner Umgebung als Retter von Tamars Not dazustehen. Er liess sich dafür von den Seinen anerkennend auf die Schulter klopfen, statt, wie es sonst geschehen wäre, vor den Augen der Ältesten von seiner Schwägerin bespuckt zu werden. *(siehe oben und 5. Mose 25:5 - 10).*

Dies muss man ihm vorwerfen: *Dass er diese Frau nach Strich und Faden um ihren Lebenssinn betrogen hat.*
Hätte er sich einfach geweigert, sie zu heiraten, so hätte man ihn zwar vorwurfsvoll angesehen und vielleicht auch mit Fingern auf ihn gezeigt. Aber nun machte er scheinbar gute Miene zu einem in Wirklichkeit sehr bösen Spiel; er brachte damit die Tamar um ihre Erwartung, um ihren Lebenssinn, und untergrub damit ihren sozialen Status. Er zerstörte ihre letzte Hoffnung. Und dies nicht nur einmal, sondern planmässig: *«...jedes Mal, wenn er mit Tamar schlief..».*

(Wir haben an anderer Stelle mehrfach darauf hingewiesen, weshalb Heirat und Mutterschaft für eine Frau damals der einzige Lebenssinn sein konnte).

10. Ham – Taktlosigkeit kann Folgen haben (1. Mose 9:18 ff)

Die Geschichte von der Sintflut ist allgemein bekannt, ihre Einzelheiten jedoch nicht. Sie wird auch im Koran an mehreren Stellen erwähnt. Sie mag auf den ersten Blick etwas seltsam anmuten, hat aber einen philosophischen Hintergrund und sie wird so erzählt, dass auch Kinder ihr folgen können. Noah und die Arche sind daher ein in Kinderbüchern immer wiederkehrendes Thema.

Als Begründung für die Flutkatastrophe wird angeführt, Gott habe sich grundsätzlich enttäuscht von den Menschen gezeigt. Er habe sich darum von ihnen abgewandt und beschlossen, alles Leben auf Erden durch eine grosse, vierzig Tage lang dauernde Flut zu vernichten. Gott will also sein eigenes Werk zerstören.
Nur eine Familie will er verschonen, die Familie des Noah. Noah und die Seinen sollen in einer Arche, zusammen mit vielen Tierarten, die Katastrophe überleben. Dann will Gott aus dieser Familie einen neuen Anfang machen und mit ihnen eine neue, bessere Menschheit beginnen, denn Noah *«war der Einzige, der vor den Augen des Herrn bestehen konnte». (6:8)*

Im Gegensatz also zur Schöpfungsgeschichte, bei der es am Ende heisst: *«Und Gott sah alles an, was er gemacht hatte, und siehe, es war sehr gut. (1:31)* zeigt sich Gott hier von den Menschen enttäuscht: *«... da reute es den Herrn, dass er die Menschen geschaffen hatte auf Erden.» (6 v. 6)*
Was für eine Aussage! Nur ein Mensch, an dem Gott Freude haben konnte, alle andern hätten Ihm nur Sorgen, Ärger und Enttäuschungen bereitet. Der Mensch ein Misserfolg Gottes?
Die moderne Existenzphilosophie (und nicht nur sie) folgt ähnlichen Gedankengängen, sie drückt sie nur anders aus: Das menschliche Leben sei eine Absurdität und der Selbsttötung sei daher folgerichtig die Loslösung von einer als sinnlos durchschauten Welt (Albert Camus).
Nun, die Menschheit besteht noch, Gott sei Dank.

Von Noah und seinen Söhnen handelt unsere nächste Erzählung. Sie zeigt, dass auch beim zweiten Versuch nicht alles gelang.
Noah hatte drei Söhne: Ham, Seth und Japheth, alle zur Zeit der Sintflut schon verheiratet. Ob Gott an ihnen ebenfalls Freude hatte, wird nicht erwähnt. Sie überlebten die Flut zusammen mit Noah, dessen Frau, ihren eigenen Frauen und Kindern. Sie wurden dadurch, so die biblische Urgeschichte, zu Stammvätern einer *neuen* Menschheit.

Nachdem Gott alles Leben durch die grosse Flut zerstört hatte, habe ihm dies am Ende doch leid getan und als Zeichen dafür, dass er so etwas nie mehr tun wolle, habe er den Regenbogen an den Himmel gesetzt, um damit den Noah und seine Nachkommen immer wieder an Gottes Zusage zu erinnern. Falls es wieder einmal stark regnen sollte, würde dieser wunderbar farbige Bogen Noah und die Seinen beruhigen. Und natürlich auch uns.

Noah war von Beruf Bauer, ein Weinbauer, um genau zu sein. Er war nach der biblischen Chronik der Erste, der einen Weinberg pflanzte und er wurde prompt Opfer seines Berufes. In seiner Begeisterung über seine erste grössere Weinernte, trank er so viel, dass er, nachdem er sich mit grosser Mühe noch seiner Kleider entledigt hatte, besinnungslos und nackt auf dem Boden seines Zeltes seinen Rausch ausschlief. Was wieder einmal belegt, dass auch Menschen, an denen Gott Freude hat, ihre Schwächen haben können. Im Zelt entdeckte ihn sein Sohn Ham, weil es schon vor dem Zelt nach Alkohol roch und er nachsehen wollte, weshalb. Als er den Zelteingang öffnete, lag sein Vater nackt und schnarchend am Boden. Ham war zuerst fassungslos, dann lachte er laut. Er las hastig seines Vaters am Boden herumliegende Kleider zusammen, lief zu seinen beiden Brüdern und sagte, noch immer lachend: «He, wisst ihr wem das gehört? Kommt, das müsst ihr sehen – unser Alter liegt betrunken und splitternackt in seinem Zelt!» Seine beiden Brüder fanden die Sache nicht lustig. Sie nahmen schweigend des Vaters Kleider, gingen rückwärts in dessen Zelt, damit sie ihn nicht in seiner Blösse ansehen mussten, deckten ihn mit seinen Kleidern zu und verliessen das Zelt, ohne einen Blick auf ihren Vater

geworfen zu haben. Als Noah viele Stunden später aus seinem Rausch erwachte und vernahm, wie sich Ham über ihn lustig gemacht habe und wie ehrfurchtsvoll seine Brüder trotz seines Rausches mit ihm umgegangen seien, da verfluchte Noah seinen Sohn Ham und segnete die beiden andern.
Soweit die Noah-Geschichte. Zwei menschliche Verhaltensweisen werden hier einander gegenübergestellt. Da ist einerseits Ham, der seinen betrunkenen und nackten Vater als Gaudi ansieht und dieses Gaudi mit seinen Brüdern teilen will. Und da sind seine beiden Brüder, die sensibler sind als er und alles tun, um ihren Vater im wörtlichen und übertragenen Sinn nicht bloss zu stellen. Es geht in dieser Geschichte nicht um die Nacktheit an sich, und nicht darum, dass Kinder unter keinen Umständen ihre Eltern nackt sehen dürfen, sondern es geht hier darum, die Würde der Eltern unter allen Umständen zu schützen und zu wahren, unabhängig davon, wie sich Eltern benehmen. Also auch dann, wenn sie wie Noah angetrunken sein sollten oder sich sonst seltsam verhalten. Die Würde der Eltern ist für die Kinder unantastbar! Eltern verhalten sich oft anders, als es ihre Kinder für gut und richtig empfinden. In den Augen ihrer Kinder haben sie veraltete Ansichten, sie können im Alter verwirrt werden und das Gestern und das Heute miteinander vermischen. Sie werden schwächer, werden oft hilflos und würdelos, so gar nicht mehr Ehrfurcht gebietend. Kinder, insbesondere erwachsene Kinder, die mitten im Leben stehen, könnten Gefahr laufen, sich in solchen Augenblicken über ihre Eltern erhaben zu fühlen; sie könnten über sie den Kopf schütteln; könnten sie im Stillen oder auch offen belächeln; ja, sie könnten sich sogar ihres Vaters oder ihrer Mutter schämen und dies auch deutlich kundtun. Eines Tages werden also die Rollen getauscht. Söhne und Töchter fühlen sich mit den Jahren ihren Eltern zusehends überlegen, fühlen sich erwachsen, sind mit allen Veränderungen ihrer Zeit vertraut, während ihre Eltern oft vielen Neuerungen nicht mehr folgen können und altbacken wirken. In extremen Fällen können sie sich wie kleine Kinder benehmen, die ihr Leben nicht im Griff haben. Söhne und Töchter verdienen (von Ausnahmen mal abgesehen) viel mehr Geld, als ihre Eltern je verdienten; sie verstehen sämtliche Neuerungen wie von selbst, während Eltern immer wieder betonen, wie sehr alles sich verändert habe und sie kaum in der Lage sind, eine moderne Kaffeemaschine auf Anhieb zu bedienen. Alles dies sind Gründe, um sich überlegen zu fühlen und zu den eigenen Eltern auf äussere oder auch innere Distanz zu gehen. Wie gut, wenn Kinder das nicht tun.

Die Würde ist das Letzte, was einem Menschen bleibt, wenn er sonst nichts mehr hat, bildlich gesprochen nackt ist, weil ihm alles genommen wurde: Die Überlegenheit, die Beweglichkeit und das Gedächtnis. Sem und Japheth haben dies in unserer Geschichte wohl instinktiv gespürt und in ihrem Verhalten vorweggenommen, was später in die Zehn Gebote aufgenommen wurde: *«Du sollst Vater und Mutter ehren»,* unter allen Umständen. Ham hat das nicht begriffen.

Bei der Erzählung von Noahs Söhnen Ham, Sem und Japheth (Jafet) geht es noch um viel mehr als die blosse Frage nach der Ehrfurcht vor den Eltern. Sie hatte eine lange Wirkungsgeschichte und wurde lange Zeit folgendermassen verstanden:
Da Gott die erste Menschheit durch die Sintflut vernichtet habe, müssten die nach ihr lebenden unterschiedlichen Völker auf Erden logischerweise Nachfahren der Söhne Noahs sein. Die Menschheit begann dieser Darstellung zufolge nach der Sintflut neu. Sie entstand aus einer einzigen Familie und breitete sich in der Folge über den ganzen Erdkreis aus (wobei man von Amerika und Australien noch gar nichts wusste. Sämtliche Aussagen der biblischen Urgeschichte beziehen sich ausschliesslich auf den Vorderen Orient). Auch wir heute noch lebenden Menschen wären danach Nachkommen Noahs und seiner Söhne: So heisst es denn auch: *«Die Nachkommen der drei Söhne Noahs haben sich dann über die ganze Erde ausgebreitet». (9:19)* Man hatte damit eine Erklärung für die Verschiedenheit (der damals bekannten) Völker und Rassen gefunden:

Die Nachkommen Hams nannte man deshalb nach ihm *«Hamiten».* Man verstand darunter die Völker Kanaans (Palästina) und die Völker Afrikas (von Afrika kannte man nur den Nordosten). Die Nachkommen Sems nannte man *«Semiten».* Man verstand darunter die arabischen Völker und die Juden. Die Nachkommen Japheths (Jafet) nannte man *«Japhetiten».* Man verstand darunter alle europäischen Völker, soweit diese bekannt waren. Noahs Aussagen über seine Söhne werden hier als *prophetische*

Aussagen verstanden. Diese sollten nicht nur die Verschiedenheit der Völker erklären, sondern auch, weshalb es herrschende und dienende Völker gab und gibt. Von Sems Nachkommen, den Semiten, sagte Noah: *«Gepriesen sei der Herr, der Gott Sems, Kanaan aber sei ihm Knecht.»*

Von Japheths Nachkommen, den Japhetiten, sagte Noah: *«Gott schaffe Jafets Leuten weiten Wohnraum, bis mitten unter die Leute Sems. Er mache Kanaan zu Jafets Knecht!» (9:27)*

Von Hams Nachkommen aber sagte Noah: *«Fluch über Kanaan! Er wird seinen Brüdern dienen als der letzte ihrer Knechte». (9:25)*

Warum empfand man diesen dreifachen Fluch über Kanaan und Afrika nicht als unverhältnismässig? Er galt ja für Hams sämtliche Nachkommen, eine Sippenhaft also. Weil der Urahne sich ungebührlich benommen habe, würden alle Nachkommen als Knechte zum Dienen verurteilt. Nicht nur Knechte der andern Brüder sollten sie sein, sondern *«letzte ihrer Knechte»,* rechtlos und machtlos. Sie auszubeuten war also gerechtfertigt und gottgewollt. So wurde die politische Situation im Vorderen Orient erklärt und gleichzeitig moralisch begründet. Noahs Fluch über Ham wurde noch bis zum Beginn des zwanzigsten Jahrhunderts als biblische Begründung und Rechtfertigung für die Herrschaft der Europäer über Afrika und den Nahen Osten verstanden. Den *«weiten Wohnraum»* haben die europäischen Mächte immer wieder für sich eingefordert und dazu Länder und Kontinente erobert. Wehe, wenn sich Hams Nachkommen dagegen wehrten! Auch die bibelfesten Südstaatler der Vereinigten Staaten empfanden es nicht als Widerspruch, die allgemeine Nächstenliebe zu predigen, aber die schwarzen Nachkommen Hams davon auszuschliessen. Ihr Reichtum gründete auf der kostenlosen Arbeit der aus Afrika importierten schwarzen Sklaven *(siehe: Onkel Toms Hütte).* Die geistigen Wurzeln der europäischen Kolonialgeschichte gehen nach dieser Erzählung letztlich auf Noah und seine Söhne zurück. Hams Taktlosigkeit wurde in seinen Nachkommen bestraft. Damit schien die unterschiedliche Wertung (der damals bekannten) Völker gerechtfertigt zu sein. Reste dieser Sichtweise wirken noch bis in die heutige Nahostpolitik hinein!

Was hat diese Geschichte mit Liebe und Ehe zu tun? Mehr als man zuerst denken würde. Zwischenmenschliche Beziehungen sind sensible Bande. Es sind die sich häufenden Kleinigkeiten, die diese Beziehungen, zu denen insbesondere Liebe und Ehe gehören, gefährden und häufig zerstören. Dem Ham fehlte es schlicht an Taktgefühl. Takt ist ein kurzes Wort, aber es braucht viel Einfühlungsvermögen, viel Sensibilität, viel Fingerspitzengefühl und eben Takt, um zu wissen und zu spüren, was «sich gehört», was der Andere braucht, warum er so reagiert, was eine Beziehung belasten kann.

Taktlose Menschen sind auf Dauer kaum auszuhalten, weil sie nicht spüren, wie und wann sie verletzen.

11. Lot – den seine Töchter verführten. (1. Mose 9:30 ff)

Als Inzest bezeichnet man den Geschlechtsverkehr zwischen Blutsverwandten direkter Linie. In der Literatur und im Film wird er meist als sexuelle Beziehung zwischen Vater und Tochter, seltener zwischen Geschwistern und noch seltener zwischen Mutter und Sohn beschrieben oder dargestellt. Geschwisterehen gab es ganz offiziell bei den Pharaonen der Ptolemäerzeit (2. Und 3. Jahrhundert n. Chr.), sowie auch bei den Königen der Inkas, der Perser und andern mehr. Der Grund dafür war, dass diese männlichen Herrscher *als Gottheit* verehrt wurden, für die man sich keine ihnen würdige Gemahlinnen vorstellen konnte als allein ihre blutsverwandten Schwestern.

In der Erzählung von Lot und seinen beiden Töchtern begegnen wir einer speziellen Inzest-Variante. Diese Geschichte wird auch im Koran erwähnt, in dem man auch von Lots Eintreten gegen das schändliche Verhalten der Sodomiter und von seiner Rettung durch Allah lesen kann. Die kurze Erzählung im Koran entspricht im Wesentlichen der hier folgenden Darstellung in unserer Bibel:

«Lot aber zog von Zoar hinauf und liess sich mit seinen beiden Töchter im Gebirge nieder; denn er fürchtete sich, in Zoar zu bleiben. Und er wohnte mit seinen beiden Töchtern in einer Höhle. Da sprach die ältere zur jüngern: Unser Vater ist alt, und es ist kein Mann mehr im Lande, der zu uns kommen könnte nach aller Welt Brauch. Komm, wir wollen unserem Vater Wein zu trinken geben und uns zu ihm legen, dass wir durch unsern Vater unsern Stamm erhalten. Also gaben sie in jener Nacht ihrem Vater Wein zu trinken. Dann ging die ältere hinein und legte sich zu ihrem Vater, und er merkte nichts davon, weder wie sie sich hinlegte, noch wie sie aufstand. Am Morgen sprach die ältere zur jüngern: Sieh, ich habe gestern bei meinem Vater gelegen. Nun wollen wir ihm auch heute Nacht Wein zu trinken geben; dann geh du hinein und lege dich zu ihm, dass wir durch unsern Vater unsern Stamm erhalten. Also gaben sie ihrem Vater auch in jener Nacht Wein zu trinken. Dann stand die jüngere auf und legte sich zu ihm, und er merkte nichts davon, weder wie sie sich sich hinlegte, noch wie sie aufstand. So wurden die beiden Töchter Lots schwanger von ihrem Vater.» (1. Mose 19:30-36)

Durch den Untergang der Stadt Sodom hatte Lot seine Frau und sein Haus verloren. Lots Frau habe sich umgedreht, auf die brennende Stadt geschaut und sei dabei vor Schreck zu einer Salzsäule erstarrt. Der heimatlos Gewordene und alleinstehende Lot fand im Gebirge eine trockene Höhle. Darin lebte er zusammen mit seinen beiden Töchtern, die, wir erinnern uns, verlobt und noch jungfräulich waren und deren Unversehrtheit Lot in Sodom zum Schutz seiner beiden Gäste zu opfern bereit gewesen war. Zumindest tat er so als ob – vielleicht wollte er damit nur Zeit gewinnen. Von den Verlobten seiner Töchter hören wir nichts mehr, vielleicht, dass sie beim Untergang von Sodom ums Leben gekommen waren.
Sehr bequem kann Lots Höhle nicht gewesen sein, aber sie war immerhin gross genug, um Schutz und ein bisschen Privatsphäre zu gewährleisten. Warm und trocken war sie auch, die Geschichte spielt ja am Südende des Toten Meeres. Wovon die Drei lebten, wissen wir nicht; da sie vor dem Unglück gewarnt worden waren, hatten sie wohl einige Schafe oder Ziegen mit sich genommen und etwas Proviant und Wein dazu. Sie waren jedoch weitherum allein. Ob es noch weitere Überlebende der Katastrophe gab, wird nicht erwähnt.

Das Alleinsein wurde für die beiden Töchter zu einem Problem, das sie immer wieder beschäftigte. Nirgends war eine Siedlung in der Nähe und damit auch kein Mann, der sie hätte heiraten können *«nach aller Welt Brauch»*. Die Frage nach ihrer weiteren Zukunft wurde für sie immer drängender: wie würde diese aussehen? Sollten sie etwa ehelos und kinderlos bleiben und ihre Familie aussterben? Sollten sie nach ihrer wunderbaren Errettung nun ohne Partner leben und vereinsamen? Damals waren dies bittere Aussichten für die beiden jungen Frauen!

Eines Tages machte die ältere der beiden Töchter ihrer jüngeren Schwester einen ungewöhnlichen Vorschlag. Da ihr Vater der einzige für sie erreichbare Mann sei, solle doch er sie beide schwängern. So etwas war auch damals ungehörig und Lot hätte sich dazu wohl kaum hergegeben. Sie wollten darum zu einer List greifen, wollten ihn trunken machen und dann das weitere Geschehen an die Hand nehmen. Der Vorschlag erschien auch der jüngeren Schwester einleuchtend. Die beiden sprachen sich ab und versuchten ihren Plan umzusetzen. Das Gespräch zwischen seinen Töchtern und Lot am nächsten Tag könnte man sich ungefähr so vorstellen:

«Na, Papa, hast du einen strengen Tag gehabt?» fragte die Ältere am nächsten Tag ihren Vater besorgt als dieser gegen Abend heimkehrte.
«Ach, es geht», sagte Lot, «ich bin einfach etwas müde in letzter Zeit, ich bin nicht mehr der Jüngste.»
Die beiden Töchter blickten sich kurz und bedeutungsvoll an.
«Du solltest dir mal einen freien Tag gönnen, Papa! Schau, wie schön das Gebirge ist und der Blick von hier oben hinunter aufs Tote Meer! Kümmere du dich doch morgen nur um die Tiere, wir wollen dir dann ein gutes Abendessen kochen.»
Der, wie wir annehmen müssen, ahnungslose Papa schätzte die Anteilnahme seiner Töchter sehr, lief anderntags etwas weiter hinauf ins Gebirge und freute sich auf das Abendessen. Er liess es sich dann auch schmecken und fand den Wein ausgezeichnet. Ihm fiel gar nicht auf, dass sein Glas sich immer wieder wie von selbst füllte, nur seine Müdigkeit wurde immer stärker und übermannte ihn schliesslich. Er fiel auf sein Lager und was seine ältere Tochter später mit ihm anstellte, merkte er nicht.

Diese Erzählung erstaunt in mancher Hinsicht:
Überraschend ist einmal, auf welche Weise diese Geschichte erzählt wird: nämlich kurz, knapp, sachlich, emotions- und kommentarlos, als sei alles darin Erwähnte selbstverständlich. Der oder die Erzähler scheinen mit der moralischen Seite des Ganzen kein Problem zu haben. Nirgends ist ein Erstaunen, eine Spur von Empörung oder auch nur leiser Kritik erkennbar. Dass Nachkommenschaft alles andere an Bedeutung übertraf und dass daher eine besondere Lage auch besondere Mittel rechtfertige, scheint für den Erzähler einleuchtend und selbstverständlich zu sein. Man vergleiche diese Geschichte mit der von Ham, der für seinen leichtfertigen Umgang mit seines Vaters Nacktheit getadelt und mit einem Fluch belegt wird, der seine gesamte Nachkommenschaft belasten sollte. Dies, obschon sein moralisches Verschulden nach unserem Empfinden doch deutlich leichter wog.

Seltsam erscheint auch, dass ein Mann so sturzbetrunken sein soll, dass er nicht einmal mehr realisierte, was wohl jeder Mann auch im fortgeschrittenen Rauschstadium realisieren müsste. Und wie es einem noch dazu alten Mann gelungen sein soll, innert zwei Tagen seine beiden Töchter zu schwängern. Alkohol – so die medizinisch belegte Erfahrung – beeinflusst einerseits die Libido und setzt die moralische Hemmschwelle herab, vermindert jedoch gleichzeitig die Erektionsfähigkeit eines Mannes. So viele Betrunkene oder zumindest Angetrunkene machten und machen sich an Prostituierte heran, um dann, kaum dass sie waagrecht liegen, in deren Armen einzuschlafen. Entweder war der alte Lot wirklich betrunken, dann war er wohl kaum in der Lage, in diesem Zustand gleich an zwei Tagen hintereinander diese Prozedur durchzustehen – oder aber er war nur angeheitert, seine Hemmschwelle herabgesetzt und er erlebte durchaus bewusst was geschah.
Lot war, wir erinnern uns, seit kurzem Witwer, seine Frau war beim Untergang von Sodom umgekommen. Spielte die durch den Tod seiner Frau erzwungene Enthaltsamkeit eine Rolle? Hatte er die Absicht seiner Töchter durchschaut und seine Trunkenheit nur gespielt? Erstaunlich ist auch, wie rasch seine jungfräulichen Töchter schwanger wurden, auch wenn man berücksichtigt, dass Frauen vor 4000 Jahren fruchtbarer waren als heute. Es ist kaum anzunehmen dass die beiden jungen Frauen das Ganze mehrmals durchspielen konnten.
Immerhin, diese Geschichte steht in der Bibel und es muss einen Grund dafür geben, warum sie dort steht oder zumindest einen Grund, weshalb man sie nicht ausschlosss. Möglicherweise sollte die Erzählung zeigen, wie relativ moralische Massstäbe sein können, wenn es um das Überleben der Art geht? Je nach Situation kann es auch heute als richtig empfunden werden, alles zu tun um ein Kind zu verhüten und umgekehrt findet man oft alles vertretbar, was eine Schwangerschaft ermöglicht. Je nach der gerade herrschenden Moralvorstellung in Friedens- oder Kriegszeiten kann jemand, der andere

umbringt, als Mörder hingerichtet oder als Held gefeiert und dekoriert werden, so wie der sogenannte «rote Baron» Manfred von Richthofen, der im Ersten Weltkrieg als Inbegriff eines Kriegshelden galt, weil er als Jagdflieger achtzig feindliche Piloten abschoss, alles junge Männer wie er selbst auch. Andere Zeiten, andere Sitten.

Wir kennen viele Beispiele von Menschen, die aus Seenot an irgendwelchen einsamen Stränden oder Inseln landeten und bei denen alle moralischen Massstäbe erstaunlich rasch dahinschwanden, wenn es ums nackte Überleben ging. Im Louvre in Paris hängt z.B. ein Bild von Théodore Géricault (1791–1824) mit dem Titel: *«Das Floss der Medusa»*. Das Bild ist fast fünf Meter hoch und über sieben Meter lang. Es erinnert an einen skandalösen Vorfall aus dem Jahr 1816, als eine französische Fregatte vor der Küste Afrikas auf Grund gelaufen war. Das dramatische Bild stellt eine Gruppe von Schiffbrüchigen der Medusa dar, die kurz vor dem Verdursten und Verhungern sind. Von 149 Personen, die sich anfänglich auf das Floss retteten, überlebten nur 15, die dann auch vor Kannibalismus nicht zurückschreckten – moralische Massstäbe gab es keine mehr. Alles war einzig und allein dem *Überleben* untergeordnet. *«Erst kommt das Fressen und dann die Moral»* umschrieb dies Bert Brecht (in: Die Dreigroschenoper).

Unsere kulturelle und moralische Prägung kann in Extremsituationen rasch wegschmelzen. Manchmal genügt ein Streit um einen Parkplatz, um aus einem sonst durchaus sympathischen Bürger oder Bürgerin eine(n) Tollwutverdächtige(n) zu machen.
In einem Zeitungsartikel beklagte sich ein homosexueller Mann, er sei von zwei lesbischen Frauen ausgenutzt und hintergangen worden. Diese hätten sich in ihrer Beziehung ein Kind gewünscht und alle drei hätten sich dahingehend geeinigt. Die eine der beiden Frauen sei dann von seinem mit einer Spritze applizierten Samen schwanger geworden und habe einen Sohn geboren. Doch die beiden Frauen hätten sich anschliessend nicht an ihre gemeinsame Abmachung gehalten, er dürfe jetzt seinen Sohn nicht einmal sehen, dessen Vater er doch sei. Mit allen Mitteln hielten sie den Vater vom Kind fern. Sie hätten nur seinen Samen gewollt, ihn selbst wollten sie nicht.

Wenn eine Frau *unbedingt* ein Kind will, kann sie auch heute ungewohnte Wege dazu beschreiten. In der Schweiz gab der Fall einer 66-jährigen viel zu reden, die sich in einer Klinik in der Ukraine zwei befruchtete Eier einer fremden Frau implantieren liess und im Frühjahr 2012 Zwillinge gebar. Ihr Kinderwunsch war stärker gewesen als alle vernünftigen Überlegungen.

Ähnliches erzählt auch die Geschichte von Lot und seinen Töchtern.
Auch unsere Zeit kennt seltsame Irrungen und Wirrungen: Probleme um Mutterschaft und Vaterschaft sind überall und zu allen Zeiten zu finden. Leihmutterschaft, Eizellenspenden, Samenspenden, Befruchtung im Glas (in vitro), dies alles sind moderne Formen desselben Problems, die Lots Töchter zu ihrem für uns amoralischen und unverständlichen Tun verleiteten.
Liebe und Ehe können oft seltsame Blüten treiben.

Der Inzest wurde – sehr viel später – im sogenannten Priesterbuch *(3. Mose 20, das ganze Kapitel)* – in allen Varianten verboten. Es wurde grundsätzlich festgehalten:

«Wandelt nicht in den Bräuchen der Heiden, die ich vor euch vertreiben will; denn das alles haben sie getan, und darum habe ich sie verabscheut.» (spricht Jahwe in Vers 23)

12. Josef – ein junger Mann mit Charakter (1. Mose 39:1 ff)

Dies ist die Geschichte von Josef, einem der zwölf Söhne Jakobs (nicht zu verwechseln mit dem Josef der Weihnachtsgeschichte), als Kind ein Träumer und Plappermaul, jedoch als junger Mann mit Prinzipien.
Josefs Lebensgeschichte ist berührend. Dies fand auch Goethe: *«Höchst anmutig ist diese natürliche Erzählung, nur erscheint sie zu kurz, und man fühlt sich berufen, sie ins Einzelne auszumalen.»* Leider hat er dies nicht getan.
Thomas Mann hingegen hat sich diese Geschichte bis ins Einzelne ausgemalt. Er hat daraus einen vierbändigen Roman gemacht («Josef und seine Brüder») und siebzehn Jahre daran gearbeitet.

Nun zur Erzählung.
Der junge Josef war vor allem ein Träumer. Thomas Mann beschreibt ihn als: *«von herrlichem Wuchs, gefälligem Auftreten und einiger Intelligenz gesegnet, ist er trotz alledem vor allem eines: Ein eitles Plappermaul, der ständig Unfrieden stiftet.»*

An Josefs Träumen fällt auf, dass er in ihnen immer im Zentrum steht und in bestem Licht erscheint. Er behält seine selbstverliebten Träume nicht etwa für sich, sondern erzählt sie jedes Mal der ganzen Familie. Das kommt bei seinen elf Brüdern gar nicht gut an. Insbesondere auch deshalb, weil Vater Jakob den Josef auch noch bevorzugt behandelt, denn Josef ist sein Lieblingssohn. Jakob zeigt dies auch offen, indem er dem Josef ein *«teures Kleid mit Ärmeln»* schenkt.
Das hätte er besser nicht getan, denn das verwöhnte Kind nutzt seine Sonderstellung schamlos aus und beginnt seine Brüder zu verpetzen, indem er dem Vater ihre Missetaten hinterbringt. Dies reizt und ärgert seine Brüder noch mehr und so kommt, was vorauszusehen war: sie meiden ihn zuerst und wollen ihn in der Folge ganz loswerden. Offensichtlich merkt weder der Vater noch der bevorzugte Sohn, was in den Brüdern vorgeht.
Als Vater Jakob zuerst die Brüder und dann auch den Josef in das weit entfernte Sichem, (schon wieder Sichem!), ziehen lässt, um dort des Vaters Schafe zu weiden, sehen die Brüder den Augenblick gekommen, ihrem Bruder Josef eine Lektion zu erteilen und sich an ihm zu rächen.
Besonders sensibel scheint Josef nicht gewesen zu sein, denn er trug, als er im Auftrag seines Vaters Jakobs in Sichem zu seinen Brüder stiess, das *«teure Kleid mit den langen Ärmeln»*. Der angestaute Neid und die Wut der Brüder erreichten einen Siedepunkt. Sie beschlossen, Josef umzubringen und ihrem Vater Jakob dann zu sagen, Josef sei Opfer eines wilden Tieres geworden. Das ging dem Ruben, einem seiner elf Brüder, dann doch zu weit. Er setzte sich dafür ein, Josef am Leben zu lassen. Sie beschlossen daher, Josef in einen ausgetrockneten Brunnenschacht zu werfen. Sie packten ihn und warfen ihn in eine ausgetrocknete Zisterne, noch ohne recht zu wissen, was sie weiter mit ihm tun sollten. Alte Brunnen können einige Meter tief sein und wer unten ist, hat keine Chance, ohne fremde Hilfe wieder hinaus zu kommen. Die Brüder lagerten sich erst einmal und assen gemeinsam, wahrscheinlich schweigend, ungerührt von Josefs Hilferufen aus dem Brunnenschacht.
Etwas später sahen sie am Horizont eine Handelskarawane *«...die mit ihren Kamelen mit Gummi, Balsam und Harz nach Ägypten unterwegs» waren (37:25).*
Das brachte sie auf einen Gedanken. Sie könnten doch... Als etwas später eine weitere Karawane vorbeizog und sie vernahmen, dass auch diese auf dem Weg nach Ägypten war, holten sie Josef aus dem Brunnen und verkauften ihn für «zwanzig Lot Silber» den Händlern.

Auf diese Weise kam Josef als Sklave nach Ägypten, während seine Brüder nach seinem Weggang einen Ziegenbock schlachteten und Josefs schönes Kleid mit den langen Ärmeln in das Blut des Ziegenbocks tauchten. Wieder zuhause angekommen, zeigten sie Vater Jakob das blutige Kleid und sagten scheinheilig: «Vater, schau mal was wir gefunden haben. Könnte das vielleicht das Kleid sein, das dein Sohn Josef trug»?
Jakob brach zusammen. Seine Söhne und seine Töchter, zum ersten Mal werden auch sie erwähnt, versuchten ihn zu trösten, aber Jakob wollte sich nicht trösten lassen.

Inzwischen hatte die Karawane mit den Händlern Ägypten erreicht. Sie verkauften den Josef auf dem dortigen Sklavenmarkt an den Obersten der Leibwache, einen Mann namens Potifar, diesmal nicht für zwanzig Lot Silber, sondern wohl für einiges mehr.

Was in Josef selbst in diesen Tagen vorging, wissen wir nicht, können uns aber denken, dass der Wechsel vom Lieblingssohn seines Vaters zum Sklaven in einem fremden Land überaus hart für ihn war. An solchen Schicksalsschlägen kann man zerbrechen, man kann aber auch an ihnen wachsen, und dies tat Josef. Statt mit seinem Schicksal zu hadern, setzte er sich im Haus seines neuen Herrn nach Kräften ein und machte sich bald unentbehrlich. Potifar übertrug ihm mehr und mehr an Verantwortung und rieb sich die Hände, mit Josef einen so guten Kauf getätigt zu haben, denn *«Josef zuliebe ließ Gott im Haus und auf den Feldern alles gedeihen». (39:5)* Es kam so weit, dass Potifar nach und nach sämtliche Entscheidungen über Haus, Hof und Feldern dem Josef übertrug und sich zu Hause *«um nichts mehr außer um sein eigenes Essen» kümmerte (39:6).* Doch genau dies sollte zu einem Problem werden.

So weit wäre alles gut gewesen. Potifar war mit dem Josef zufrieden, Josef war mit seiner Stellung zufrieden, alle wären zufrieden gewesen, wenn da nicht etwas gewesen wäre, woran niemand gedacht hätte, nämlich Potifars Frau.
Der junge Josef war in der Zwischenzeit zu einem *«ausnehmend schönen Mann» (39:6)* herangewachsen und Potifar war ein stark beschäftigter Beamter. Er war am Hof des Pharaos als Kämmerer Chef der Finanzen und gleichzeitig auch noch Oberst der Leibwache. Er hatte einerseits den Pharao zu schützen, bei Laune zu halten, und gleichzeitig dafür zu sorgen, dass des Pharaos Wünsche die Staatskasse nicht überforderten. Zusätzlich hatte er die Leibwache zu überwachen, sich mit Personalrekrutierungen, Lohngesprächen, Spannungen innerhalb der Wache herumzuschlagen und er musste auch immer wieder gegen die natürliche Trägheit der nur selten beschäftigten Soldaten ankämpfen. Er war selten zuhause und häufig unterwegs.

Potifars Frau war da aus ganz anderem Holz geschnitzt als ihr Mann. *Sie* hatte Zeit, viel Zeit, denn sie verfügte für alles über hilfreiche Hände und brauchte ihre eigenen nur noch, um sich zu schminken. Sogar für ihre Haarpflege gab es eine Frau, die daneben auch ihre Garderobe beaufsichtigte. Dazu ein Dutzend Diener und mindestens *einen* fähigen Koch.
Die Tage waren lang.
Ihren Mann sah sie meist nur kurz und wenn er hin und wieder bei ihr weilte, so waren seine Gedanken häufig nicht *wirklich* bei ihr, sondern irgendwo bei den Geschäften des Pharaos und den damit verbundenen Aufträgen und Fragen.
Die Frau war jung, und eines Tages nahm sie, deutlicher als sonst, wahr, wie gut dieser Josef aussah und erst noch von gewinnendem Wesen war. Von da an gingen ihr immer die gleichen Gedanken durch den Kopf, in denen Josef in zunehmendem Masse eine Rolle spielte. *«Sie warf ein Auge auf ihn«. (39:7)*

Sie bemühte sich jetzt noch eingehender um ihre Garderobe und schminkte und parfümierte sich besonders sorgfältig. Dass Josef dies offenbar geflissentlich übersah und sich ihr gegenüber nur betont servil verhielt, reizte sie noch mehr. War sie etwa nicht attraktiv genug? Hatte sie sich nicht besonders schön gekleidet und herausgeputzt? Allein dieser hergelaufene Hebräer wollte partout nichts davon merken. Er war doch ein Mann! Eines Tages verlor sie die Geduld und wurde unmissverständlich.
«Komm», sagte sie zu ihm: «Komm mit mir ins Bett»!
«Herrin, das kann ich nicht», antwortete Josef. *«Mein Herr hat mir seinen ganzen Besitz anvertraut und kümmert sich selbst um nichts mehr in seinem Haus. Er gilt hier nicht mehr als ich. Nichts hat er mir vorenthalten, außer dich, seine Frau! Wie könnte ich da ein so großes Unrecht begehen und mich gegen Gott versündigen»?(39:8-9)*
Josef wollte nicht. Sein Gewissen erlaubte es ihm nicht. Gab es auch rationale Gründe für seine Weigerung, die er nicht anführte, nicht anführen konnte? Gewiss, es gab sehr vernünftige und gewichtige

Gründe, die es ihm verboten, ihrem Angebot zu folgen. Es war noch nicht lange her, dass er die Wut seiner Brüder nur knapp überlebt hatte. Er hatte auch die Demütigungen als Sklave irgendwie überstanden und allem zum Trotz Erfolg gehabt. Er hatte sich vom Haussklaven emporgearbeitet, bis er nach seinen eigenen Worten feststellte, dass sein Herr, der Potifar, im Hause «hier nicht mehr gilt als ich». Eine solche Anstellung fand sich kaum ein zweites Mal.

Josef war im Haus nicht allein, es gab da eine grosse Dienerschaft. Hätte er sich mit der Hausherrin eingelassen, so hätten dies viele scharfe Augen wahrgenommen, auch wenn Josef und die Frau sich noch so Mühe gegeben hätten, das Ganze zu verheimlichen.
Hinzu kam, dass es immer auch Neider gibt, wenn jemand auf der Stufenleiter des Erfolgs so rasch hinaufgeklettert ist. Die warteten nur darauf, dem Erfolgreichen eins auszuwischen, um dann vielleicht seine Stelle einzunehmen.
Hätte Josef der Aufforderung der Hausherrin Folge geleistet, so wäre es bestimmt nicht bei dem einen Mal geblieben, es sei denn, er hätte sich so schlecht benommen dass sie kein zweites Mal gewollt hätte. Das war wenig wahrscheinlich, beide hätten sich im Gegenteil an ihr süsses Geheimnis gewöhnt, das wieder Farbe, Spannung und Abwechslung ins sonst eher eintönige Leben der Frau gebracht hätte. Beide wären wohl immer wieder im Bett gelandet. Sie hätten auch tagsüber Blicke getauscht, wenn sie sich unbeobachtet fühlten. Und was wäre gewesen, wenn die Hausherrin schwanger geworden wäre? Die Geschichte spielt im alten Ägypten wo man noch keine Verhütungsmittel kannte – keine wirksamen jedenfalls.

Wäre Josef der Einladung der Hausherrin gefolgt, dann hätte Potifar früher oder später von diesem Verhältnis erfahren, wohl eher früher als später. Was dann geschehen würde, konnte sich Josef leicht ausrechnen. Seine Frau hätte der Potifar vielleicht weiter im Haus behalten – einen solchen Sklaven jedoch bestimmt nicht. Hätte er ihn umbringen lassen, so hätte er dafür überall Verständnis gefunden. Bei einer vernünftigen Gewinn- und Verlustrechnung musste sich Josef sagen: Hände weg, du riskierst sonst Kopf und Kragen!

Nun weiss man, dass auf diesem Gebiet die Vernunft wenig gilt, und viele, allzu viele, erst wieder zu denken beginnen, wenn schon alles vorbei ist. Die Libido vieler Männer ist nicht sehr wählerisch. Man darf den Einfluss der Hormone bei beiden Geschlechtern nicht unterschätzen. Viele sind zu schwach, um sich selbst klare Regeln zu geben und sie einzuhalten. Sie erliegen immer wieder irgendwelchen Einflüsterungen, dahingehend, dass nur gelebt habe, wer jede Chance nutze. Man könne zwar nicht *mit allen* ins Bett, aber man könne es doch zumindest versuchen.

Josef hat alle diese Überlegungen nicht gemacht, er argumentiert nicht auf der Ebene der Vernunft, sondern auf einer ganz anderen: er will weder das Vertrauen des Potifars missbrauchen noch vor seinem Gewissen Unrecht tun. Ja, er empfände es unter den gegebenen Umständen als Sünde vor Gott, seiner Herrin ins Bett zu folgen.
Sünde vor Gott? Dieser Begriff ist zwar heute aus der Mode gekommen. Trotzdem lässt sich nüchtern feststellen, dass eine religiöse Erziehung einem Menschen feste Regeln vermittelt, die ihn vor viel Unheil bewahren können. Josef wollte nicht, weil sein Gewissen ihm dieses Tun verbot und dieses Gewissen war stärker als alle vernünftigen Überlegungen, auch stärker als seine Hormone.

Die Frau hingegen wollte sich damit nicht abfinden. Sie fühlte sich durch seine Ablehnung in ihrer Ehre verletzt. Sie hatte einem jungen Mann gesagt: Komm! und er hat geantwortet: Nein! Eine Frau, die sich so offen anbietet, abzulehnen, ist der sicherste Weg, sie gegen sich aufzubringen. Und *diese* Frau war es nicht gewohnt, dass man sich ihren Wünschen und Weisungen widersetzte. Sie hatte sich dem Josef angeboten und er hatte sie zurückgewiesen. Das wog schwer und das würde sie ihm nicht verzeihen. Es war noch gar nicht lange her, da umwarben sie mehrere Männer. Sie hatte nur den einen erhört, den Potifar. Und jetzt sollte dieser junge Hebräersklave sie nicht attraktiv genug finden, um auf ihr Angebot einzugehen? Wie? Er wollte kein Risiko eingehen? Ha, was war das für ein Mann, der

kein Risiko eingehen wollte, wenn es um eine Frau ging? Sie musste seinen Widerstand überwinden.
«Tag für Tag redete sie auf Josef ein, aber er gab ihr nicht nach». (39:10)
Als alles Reden nichts nützte, wollte sie es noch ein letztes Mal versuchen. Sie wartete, bis Josef einmal mit ihr allein im Hause war, rief ihn, und als sie seinen Widerstand spürte, wurde sie handgreiflich. Sie packte ihn, hielt ihn fest und wiederholte noch einmal ihre Aufforderung, diesmal als Befehl:
«Komm jetzt mit ins Bett»!
Josef riss sich los, sie versuchte ihn noch zurückzuhalten und ein Stück seines Kleides blieb in ihren Händen. Er rannte aus dem Haus und ahnte Schlimmes. Dass eine Frau einen Mann zurückweist, damit muss ein Mann leben und kann dies in der Regel auch. Der umgekehrte Fall ist erstens seltener und zweitens gefährlicher, umso mehr, wenn eine solche Frau Macht besitzt und der Mann nicht. Da gäbe es über viele Beispiele von Königinnen, Kaiserinnen und Zarinnen zu berichten.

Kurz, die Frau schrie laut, es hallte durchs Haus. Die Dienerschaft, in der Zwischenzeit vollzählig wieder im Haus, stürzte in ihr Gemach. Die Frau war bleich vor Wut. Entsetzliches war geschehen: «Dieser Hebräer, den mein Mann uns ins Haus gebracht hat und dem er volles Vertrauen geschenkt hat, ist bei mir eingedrungen, wollte eure Abwesenheit nutzen und mich vergewaltigen. Als ich laut schrie, rannte er weg, liess aber dieses Kleidungsstück zurück. Unglaublich, wozu dieser hergelaufene Sklave sich erfrecht, er schreckt vor nichts zurück, dieser Nichtsnutz! Ich werde sein Kleidungsstück hier behalten, bis mein Mann kommt».

Da man Schlechtes über seine Mitmenschen nur zu gerne glaubt, weil man seine schlimmen Ahnungen dadurch bestätigt fühlt und sich selbst dadurch in hellerem Lichte sehen kann, glaubte die Dienerschaft der Frau aufs Wort. Ihre Empörung war gut gespielt, ihr Zittern war überzeugend, ihre aufgerissenen Augen ein einziger Vorwurf. Es muss ihr gut getan haben, diesem Josef etwas heimzahlen zu können!

Als Potifar abends nach Hause kam, spürte er sogleich, dass etwas Ungutes geschehen sein musste, die Dienerschaft war völlig betreten. Erstaunt fragte Potifar nach der Ursache ihrer Unruhe, doch sie wiesen nur in die Richtung des Frauengemachs und stammelten: «Ihre Frau...»
Potifar eilte in Richtung Frauengemächer und trat ins Schlafzimmer seiner Frau. Er erschrak, als er sie sah. Sie schien krank und verstört zu sein.
«Was ist mit dir? Bist du krank»? fragte er besorgt. Sie schüttelte den Kopf und, auf Wirkung bedacht, erzählte sie ihm stockend und nach Atem ringend die gleiche Geschichte, die sie dem Gesinde vorgetragen hatte. Dann bedeckte sie ihre Augen und ein Schluchzen schüttelte sie. Es war inzwischen dunkel genug, um durchaus echt zu wirken.
Potifar war sprachlos.
Er brauchte einige Zeit, um wirklich wütend zu werden. Aber dann schrie er so laut, dass es durch das Haus hallte und alle es hörten: «Das wird mir der Kerl büssen!» Der Dienerschaft befahl er, sich um seine Frau zu kümmern. Die Diener sahen sich vielsagend an, getrauten kaum sich zu bewegen und schauten dem Potifar nach, wie er mit grossen, raschen Schritten aus dem Haus ging, in Richtung Palast, in dem in der unteren Etage die Leibwache untergebracht war.

Nicht lange, und er kam mit zwei bewaffneten Wachsoldaten zurück. «Wo ist er?» rief er. «In seinem Zimmer!» riefen mehrere Stimmen aus der Dienerschaft gleichzeitig.
Josef war bald zurückgekommen und wartete in seinem Zimmer. Was hätte er anders tun sollen, als warten? Flüchten? Das wäre ein Schuldbekenntnis gewesen und weit wäre er als flüchtender Sklave bestimmt nicht gekommen. Er sprach daher kein Wort, als ihn die Wachen packten und abführten. Was hätte er auch sagen sollen? Die Indizien sprachen so deutlich gegen ihn und das Wort der Frau wog so unendlich viel mehr als das seine. Hätte er den Mund aufgemacht, dann hätte er die Frau anklagen müssen und dies wäre ihm bestimmt nicht gut bekommen. Also schwieg er, auch dann, als sie vor dem Gefängnis standen, man ihn in eine der Zellen führte und ihn auf das bisschen Stroh warf, das am Boden lag. Hinter ihm fiel ein schwerer Riegel ins Schloss.

Es verging einige Zeit, bis sich Josefs Augen an das Halbdunkel gewöhnt hatten. Erst dann bemerkte er, dass er nicht allein war. Mehrere Menschen blickten ihn aufmerksam und schweigend an. Nach einer geraumen Zeit fragte ihn jemand, wer er sei. Es war inzwischen dunkel geworden und Josef konnte nicht erkennen, wer die Frage gestellt hatte.

«Ich bin Josef, ein Hebräer, Sklave im Hause des Potifar,» sagte er.
«Und warum bist du hier?»
«Das kann ich nicht sagen, nicht jetzt.»

Dann herrschte wieder Schweigen. Josef legte sich hin, das Stroh war wirklich dünn und der Boden hart. Er überdachte das Geschehene. Hatte er einen Fehler gemacht? Er war sich keines Fehlers bewusst. Hatte er die Attacke der Frau provoziert? Nein, das bestimmt nicht und schon gar nicht willentlich. Er war ihr, soweit ihm dies möglich war, aus dem Weg gegangen, er war deswegen in letzter Zeit besonders viel ausser Haus und auf den Feldern gewesen.

Das Wichtigste für ihn aber war, dass er sich nichts vorwerfen musste. Er war seinem Gewissen und seiner Erziehung gefolgt. Er hatte getan, was er tun musste, um vor sich selbst und vor Gott bestehen zu können. Er glaubte auch fest an Gott und an den Sieg des Guten und mit solchen Gedanken schlief er, den Umständen entsprechend, erstaunlich rasch ein.

Den weiteren Verlauf seiner Lebensgeschichte, kann man im 1. Buch Mose im 40. Kapitel nachlesen. Sie ist überaus spannend, «höchst anmutig» nannte sie Goethe.

Josef hat Potifars Frau übrigens nie wieder gesehen.
Er hat sich nicht an ihr gerächt, auch nicht, als seine spätere Stellung als Vizekönig ihm dies erlaubt hätte. Er strafte sie nur mit Verachtung und Vergessen.

Das war seine Art der Vergeltung.

13. Ein Wort noch zu Adam und Eva. (Kapitel 1–3)

Die Bibel ist eine Art Bibliothek, eine Sammlung von kleineren und grösseren, meist in sich abgeschlossenen Büchern. Aber sie gilt als ein Ganzes und als «Heilige Schrift», als Quelle und Massstab für den jüdischen und den christlichen Glauben. Zusätzlich ist sie auch eine Fundgrube für alle kulturell interessierten Menschen. Man kann in der Bibel viele Erzählungen finden, die uns Auskunft darüber geben, wie Menschen vor vier-, vor drei- oder vor zweitausend Jahren lebten und dachten. Allein schon das Erste Buch Mose gibt uns in vielem darüber Auskunft.

Die Erzählung von Adam und Eva ist keine Familiengeschichte und was in ihr geschildert wird, hat nur am Rande mit Liebe und Ehe zu tun. Sie gehört trotzdem zu den bekanntesten Erzählungen der Weltliteratur. Sie findet sich in den Heiligen Schriften der Juden, der Christen und der Muslime. Das allein müsste schon Grund genug, sich eingehender mit ihr zu befassen. Doch es gibt noch einen weiteren, gewichtigeren Grund: Der Inhalt dieser Geschichte hat unsere abendländische Kultur derart geprägt und in der Folge auch den Rest der Welt, dass sie uns nicht gleichgültig lassen kann.
Man nimmt an, dass sie einer andern Quelle entstammt als die im Ersten Buch Mose geschilderten Familiengeschichten um Abraham. Die sogenannte «Schöpfungsgeschichte», die eher ein Schöpfungspsalm ist, kam wiederum aus einer andern Quelle, was durch den anders bezeichneten Gottesnamen (Gott und Gott der Herr) angedeutet wird. Festgeschrieben und als Heilige Schrift betrachtet wurden sie wahrscheinlich alle ungefähr zur gleichen Zeit: vor, während oder kurz nach der babylonischen Gefangenschaft (um 600 vor unserer Zeitrechnung).

Was der Mensch sei und wie der Mensch sein sollte, das hat Philosophen, Theologen und Schriftsteller seit Jahrtausenden beschäftigt und in der Neuzeit kamen noch die Psychiater und Psychologen hinzu. Die Geschichte von Adam und Eva ist eine Deutung des Menschen. Sie will in wenigen, aber prägnanten Bildern erklären, woher der Mensch kommt und wie er ist. Sie steht in der hebräischen Bibel und, etwas verändert, auch im Koran:
«Wir hatten ehedem dem Adam ein Gebot erteilt, er aber vergass es schnell und erwies sich nicht als standhaft. (Sure 2,31 ff)»
So wie in dieser Erzählung verstehen Judentum, Christentum und Islam den Menschen, nämlich: *als Gottes widerspenstiges Geschöpf.*

Adam und Eva sind keine historischen Figuren. Der grosse jüdische Theologe Martin Buber hat den Satz geprägt: «Wer die Bibel wörtlich nimmt, nimmt sie nicht ernst». Das gilt bei dieser Erzählung ganz besonders.
Adam und Eva sind nicht die Vorfahren der Neanderthaler und auch nicht die erste Form des Homo sapiens. Sie sind nur die Hauptfiguren einer Erzählung, die das jüdische, das christliche und das muslimische Menschenbild, also *die Vorstellung vom Wesen des Menschen* geprägt hat. Das *Menschenbild,* die Vorstellung vom Menschsein welches wir haben, bestimmt unser Verhalten; es ist gar nicht egal, was für ein Menschenbild wir haben. Der Nationalsozialismus und der Bolschewismus hatten beide ein klares, aber ein gefährliches Menschenbild, das letzten Endes zur Verachtung und Vernichtung von Millionen Menschen führte.

Der Humanismus, ebenfalls ein Menschenbild, das sehr prägend wirkte und dies bis heute tut, ging davon aus, dass *Bildung* bessere Menschen mache und dass die menschliche Vernunft die Menschen und die Welt zu höheren Zielen führen werde. Das Gefährliche und Chaotische am Menschen sei nur solange wirksam wie ein Mensch ungebildet sei. Inzwischen hat uns die Erfahrung gelehrt, dass der intelligente Mörder viel gefährlicher ist als der dumme, das gilt im Kleinen wie im Grossen.

Was haben wir Heutigen für ein Menschenbild? Vielleicht die Vorstellung des Menschen als Konsumenten? Ich kaufe, also bin ich? Genügt das? Lohnt sich ein Leben als blosser Verbraucher? Genügt Egoismus als Lebensziel? Falls nicht, was dann?

Drei Weltreligionen erkennen in der alten Geschichte von Adam und Eva entscheidende Anstösse zu einem zeitlosen und sinnvollen Menschenbild. Das Christentum hat vom noch älteren Judentum diese Erzählung übernommen. Beide, Judentum und Christentum haben sie in ihre Heilige Schrift aufgenommen. Später hat sie auch der Islam mit leichten Änderungen in den Koran integriert.

So wie wir im Theater oder in der Oper ein Programm in Händen halten, auf dem steht, welcher Schauspieler welche Person im Stück verkörpert, so sind auch Adam und Eva zu verstehen. Sie sind Stammeltern nicht im historischen Sinne sondern zeigen *in ihrem Verhalten zeitlose menschliche Verhaltensweisen und Schwächen.* Sie dürfen im Stück *«Der Garten Eden»* von allen Bäumen im Garten essen, ein Paradies wird ihnen zur Verfügung gestellt, nur ein einziger Baum wird ihnen vorenthalten, der soll eine Grenze markieren. Doch was tun sie? Klar, sie wollen auch vom verbotenen Baum essen und am Ende verlieren sie alles.
Mit Adam und Eva sind *alle Menschen* gemeint. So wie die beiden sich verhalten, so verhalten sich, *so sind* Menschen, so sind *wir.* Wir sind Grenzüberschreiter, jeder auf seine Weise. Adam und Eva und ihre Geschichte ist ein Spiegel, der uns vorgehalten wird, *eine Deutung* des Menschen, *die biblische Vorstellung* vom Menschen. Und dieses Menschenbild sieht, etwas gerafft, so aus:

«Gott schuf den Menschen...». – heisst es da im ersten Kapitel *(Vers 27).* Wir Menschen werden als Geschöpfe Gottes verstanden. Mann und Frau sind Geschöpfe, die Gott schaffen *wollte,* die Er geschaffen *hat,* die von Ihm abhängen und Ihm Rechenschaft schulden.
Dieser Glaube weist uns Menschen *eine klare Herkunft* zu und gibt uns dadurch Wurzeln. Der Mensch ist nicht einfach *ein Irrläufer der Evolution,* er ist mehr als eine interessante Affenart.

«nach seinem Bilde schuf er ihn» – Es gibt eine Ähnlichkeit, etwas Gemeinsames, zwischen Schöpfer und Geschöpf. Dadurch wird *eine Beziehung* zwischen beiden möglich. Damit wird uns Menschen *eine Würde* zugesprochen, und zwar jedem Menschen, gleich welcher Hautfarbe und Herkunft.

«... als Mann und Frau schuf Er sie». Gott hat den Menschen von Beginn an als Mann und als Frau gewollt, nicht anders. Dass es den Menschen in zwei Ausgaben gibt, ist Gottes Erfindung, nicht die unsere. Dies mag banal tönen, ist es aber keineswegs. Wenn Liebe und Eros gottgewollt sind, dann gibt dies auch der menschlichen Sexualität eine Würde. Sie ist nicht später durch irgendeine Hintertür ins menschliche Leben getreten. Gott wollte den Menschen von Anfang an so.

Am Ende des 1. Kapitels heisst es: *«Gott sah alles an, was er gemacht hatte, und siehe, es war sehr gut».* Alles Gewordene, das Leben, die Welt, wird als gut verstanden. Auch dass es zwei Geschlechter gibt und damit alle Höhen und Tiefen. Was Menschen daraus machen, illustrieren diese zwölf Geschichten, denen wir nachgegangen sind. Doch trotz all ihrer Fehler bekennt sich Gott zu diesen unvollkommenen Menschen und erklärt: *Ich bin der Gott Abrahams, Isaaks und Jakobs. (2. Mose Kp. 3 v. 6 und Matthäus Kp. 22 v. 32, auch Apostelsgeschichte Kp. 3 v. 13 und Kp. 7 v. 32)*

Man kann sich eigentlich nicht genug darüber wundern...

Printed by Books on Demand GmbH, Norderstedt / Germany